Walther Ziegler

Sartre
in 60 Minuten

Dank an Rudolf Aichner für seine unermüdliche und kritische Redigierung,
Silke Ruthenberg für die feine Grafik, Angela Schumitz, Lydia Pointvogl, Eva Amberger,
Christiane Hüttner, Dr. Martin Engler für das Lektorat
und Dank an Prof. Guntram Knapp, der mich für die Philosophie begeistert hat.

Bibliografische Information der Deutschen Nationalbibliothek:
Die Deutsche Nationalbibliothek verzeichnet diese Publikation in der Deutschen
Nationalbibliografie; detaillierte bibliografische Daten sind im Internet über www.dnb.de abrufbar.

© 2015 Dr. Walther Ziegler
2. Auflage Juli 2015
Umschlaggestaltung und Grafik des gesamten Buches: Silke Ruthenberg
unter Verwendung von Illustrationen von:
Raphael Bräsecke, Creactive – Atelier für Werbung, Comic & Illustration (Zeichnungen)
© JackF - Fotolia.com (Bilderrahmen)
© Valerie Potapova - Fotolia.com (Bilderrahmen)
© Svetlana Gryankina - Fotolia.com (Sprechblasen)
Herstellung und Verlag:
BoD – Books on Demand, Norderstedt

ISBN 978-3-7347-8156-8

Inhalt

Sartres große Entdeckung

Der französische Existentialist Jean-Paul Sartre (1905-1980) ist einer der bedeutendsten Philosophen des zwanzigsten Jahrhunderts. Weltberühmt wurde er mit der provokativen These, der Mensch sei zur Freiheit verdammt. Seine existenzialistische Aufforderung, angesichts der Gewissheit des Todes nicht länger an ein jenseitiges Paradies zu glauben, sondern das Leben im Hier und Jetzt entschlossen und frei zu gestalten, wurde zum Glaubensbekenntnis einer ganzen Generation:

> Der Mensch ist nichts anderes als das, wozu er sich macht. Das ist das erste Prinzip des Existentialismus.[2]

Sartres Existenzphilosophie beeinflusste nicht nur die akademische Diskussion an den Universitäten, sie wirkte darüber hinaus auf die gesamte westliche Zivilisation, insbesondere auf die europäische Jugend.

Der Existentialismus wurde zu einer Art Lebenshaltung: Schüler, Studenten, Künstler und andere vom Existentialismus Begeisterte trafen sich regelmäßig in den Caféhäusern, was für Franzosen zunächst nichts Ungewöhnliches ist. Aber diese neuen, offenen Diskussionszirkel, denen Frauen wie Männer gleichermaßen angehörten, brachten eine eigene Jugendkultur hervor. Als Zeichen ihrer existenzialistischen Einstellung trugen sie dunkle Kleidung und schwarze Hornbrillen, wie Sartre selbst sie zu tragen pflegte. Das Motto der Existentialisten lautete: Lass dir von niemandem sagen, wie du zu leben hast. Entscheide selbst und stehe zu deinen Taten. Lebe aufrichtig und intensiv, sowohl hinsichtlich deiner Liebesbeziehungen und Freundschaften, als auch hinsichtlich deines politischen Engagements.

Sartre selbst legte immer größten Wert darauf, dass der Existenzialismus keine bloße Aufforderung zur persönlichen Selbstverwirklichung ist, sondern darüber hinaus zum Engagement für die Gesellschaft:

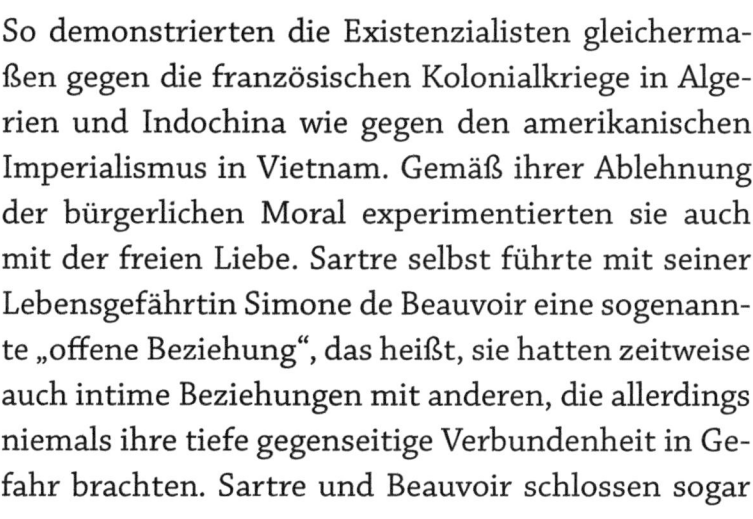

Und wenn wir sagen, der Mensch ist für sich selbst verantwortlich, wollen wir nicht sagen, er sei verantwortlich für seine strikte Individualität, sondern für alle Menschen.[3]

So demonstrierten die Existenzialisten gleichermaßen gegen die französischen Kolonialkriege in Algerien und Indochina wie gegen den amerikanischen Imperialismus in Vietnam. Gemäß ihrer Ablehnung der bürgerlichen Moral experimentierten sie auch mit der freien Liebe. Sartre selbst führte mit seiner Lebensgefährtin Simone de Beauvoir eine sogenannte „offene Beziehung", das heißt, sie hatten zeitweise auch intime Beziehungen mit anderen, die allerdings niemals ihre tiefe gegenseitige Verbundenheit in Gefahr brachten. Sartre und Beauvoir schlossen sogar einen Vertrag der Freiheit und Offenheit, in dem sie sich von bürgerlich monogamen Konventionen lossagten, sich aber gleichzeitig zu gegenseitiger Ehrlichkeit und Verlässlichkeit verpflichteten.

Neben seinen philosophischen Büchern schrieb Sartre auch zahlreiche Romane und Theaterstücke. Vor allem aber engagierte er sich politisch, arbeitete unzählige Petitionen aus und vertrat als Linksintellektueller nach vierjähriger Unterstützung der kommunistischen Partei gemäßigt maoistische Positionen. Als er sich 1957 für die Unabhängigkeit der Kolonie Algerien aussprach und die französischen Soldaten zur Dienstverweigerung aufrief, wurde seine Wohnung von wütenden nationalkonservativen Kräften durch einen Bombenanschlag völlig zerstört.

Sartre suchte zeitlebens das Gespräch mit Revolutionären und gesellschaftlichen Außenseitern. So besuchte er Che Guevara, Fidel Castro, Mao Zedong und – als über Siebzigjähriger – auch die Baader-Meinhof-Bande. Anlässlich dieses Gefängnisbesuches protestierte er, obgleich zu diesem Zeitpunkt bereits weitgehend erblindet, gegen die Isolierung der RAF-Häftlinge.

Wie viele seiner existenzialistischen Zeitgenossen war Sartre starker Raucher. Noch heute findet man auf der Speisekarte in seinem Stammcafe, dem „Cafe de Fleurs" in Paris, ein sogenanntes „Existentialistenfrühstück" für nur zwei Euro. Das ist zwar günstig, aber man bekommt auch nur eine Tasse schwarzen Kaffee und eine filterlose Zigarette. Doch genau dieser Purismus, nur das zu frühstücken, worauf es einem ankommt und auf alles bürgerliche Beiwerk zu verzichten, war Teil des existentialistischen Lebensgefühls. So weigerte sich Sartre auch, den Literaturnobelpreis entgegenzunehmen, weil das für ihn nur bürgerlichen Pomp darstellte.

Das Streben nach Sicherheit, Besitz und Komfort galt den Existentialisten als verachtenswert und als Ausdruck von Unfreiheit. Sartre selbst verbrachte konsequenterweise sein ganzes Leben in schmucklosen Hotelzimmern. Auch legte er Wert darauf, alle seine philosophischen und literarischen Werke an Schreibtischen zu verfassen, die ihm nicht gehörten.

Die sich auf ihn berufende Jugendkultur war ihm allerdings stets ein bisschen unheimlich, da er fürchtete, wissenschaftlich nicht mehr ernst genommen zu werden. Doch diese Sorge war unbegründet. Sein 1943 erschienenes Hauptwerk mit dem provokativen Titel „Das Sein und das Nichts" gilt bis heute als ein Meilenstein der Philosophiegeschichte. In diesem Buch erklärt Sartre die Freiheit zum entscheidenden

Wesenskern des Menschen. Kein anderer Philosoph vor oder nach ihm hat der menschlichen Entscheidungsfreiheit einen solch ungeheuren Stellenwert eingeräumt:

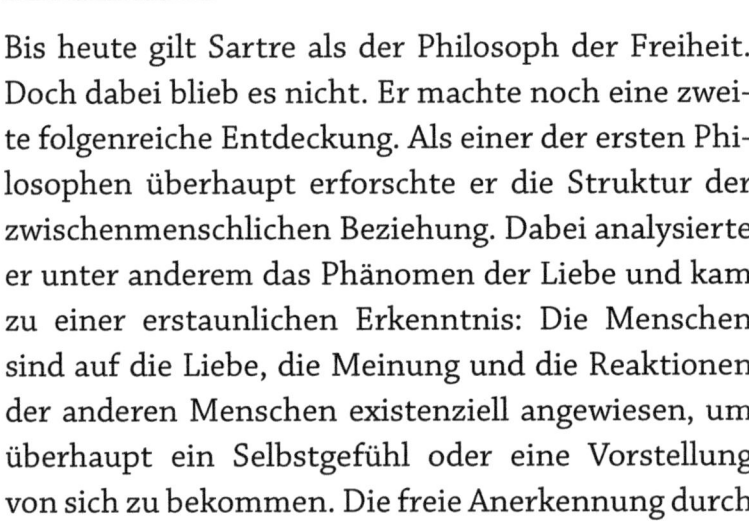

Die Freiheit ist vollkommen und unendlich [...]. Die einzigen Grenzen, auf die die Freiheit stößt, sind diejenigen, die sie sich selbst auferlegt.[4]

Bis heute gilt Sartre als der Philosoph der Freiheit. Doch dabei blieb es nicht. Er machte noch eine zweite folgenreiche Entdeckung. Als einer der ersten Philosophen überhaupt erforschte er die Struktur der zwischenmenschlichen Beziehung. Dabei analysierte er unter anderem das Phänomen der Liebe und kam zu einer erstaunlichen Erkenntnis: Die Menschen sind auf die Liebe, die Meinung und die Reaktionen der anderen Menschen existenziell angewiesen, um überhaupt ein Selbstgefühl oder eine Vorstellung von sich zu bekommen. Die freie Anerkennung durch die Mitmenschen ist nach Sartre sogar die Grundlage unseres Daseins. Andererseits empfinden wir genau diese ständige Beurteilung durch die anderen immer auch als etwas Unkontrollierbares und Gefährliches:

> Wir haben ja betont, dass die Freiheit Anderer die Grundlage meines Seins ist. Aber gerade weil ich durch diese Freiheit Anderer existiere, bin ich ohne Sicherheit, bin ich in dieser fremden Freiheit in Gefahr; [5]

Diese nach Sartre „ontologische" Gefahr besteht darin, dass wir von den Anderen zwar anerkannt werden wollen, uns aber dieser Anerkennung nie ganz sicher sein können, denn der Andere ist prinzipiell frei und kann uns jederzeit auch ablehnen. Selbst in einer Liebesbeziehung, in der sich die Verliebten ja gegenseitig bedingungslos anerkennen, kann es zu einer Krise oder Trennung kommen. Wir befinden uns daher laut Sartre in einem ständigen „Kampf um Anerkennung". Da dieser Kampf strukturell zum menschlichen Leben gehört, kommt Sartre zu der provokanten Schlussfolgerung:

> Der Konflikt ist der ursprüngliche Sinn des Für-Andere-Seins.[6]

Diese Erkenntnis wirft nun aber eine ganze Reihe von Fragen auf. Gibt es für den Menschen tatsächlich keinen Ausweg aus dem Kampf um Anerkennung? Ist die Liebe nicht doch eine Lösung des Konfliktes? Warum ist die Liebe nach Sartre zum Scheitern verurteilt? Und vor allem: Wo bleibt eigentlich unsere Freiheit, wenn wir doch immer auf den Zuspruch der anderen angewiesen bleiben? Gibt es überhaupt so etwas wie Freiheit?

Sartres Kerngedanke

Der Mensch ist zur Freiheit verdammt

Der Mensch, so behauptet Sartre, ist nicht nur frei in seinen Entscheidungen, er ist sogar dazu verurteilt, frei zu sein. Weder Erbanlagen noch Erziehung können seine Freiheit beschränken. Er ist absolut frei und muss daher in jeder Minute überlegen, was er tut – und was nicht. Diese Struktur ist in seinem Wesen angelegt. Der Mensch kommt also nicht erst auf die Welt und erkämpft sich dann seine Freiheit, sondern er wird frei geboren:

Der Mensch ist keineswegs zunächst, um dann frei zu sein, sondern es gibt keinen Unterschied zwischen dem Sein des Menschen und seinem ‚Freisein'.[7]

Was meint Sartre damit? Er will uns sagen, es gehöre unmittelbar zur menschlichen Natur, das eigene Leben planen und gestalten zu müssen. Wir müssen uns gewissermaßen komplett selbst erfinden, sogar unsere soziale Position, unseren Charakter und unseren Körper.

Natürlich weiß Sartre, dass niemand darüber entscheiden kann, ob er reich oder arm geboren wird. Auch ist ihm klar, dass es genetische Veranlagungen gibt, auf die wir keinen Einfluss haben, wie zum Beispiel die Augenfarbe, die Haarfarbe, die Musikalität, die Körpergröße und vieles mehr. Er selbst beispielsweise war nur 156 Zentimeter groß. Und er wusste auch, dass wir alle mit Stärken und Schwächen zur Welt kommen, die wir uns nicht ausgesucht haben. Aber, so Sartre, selbst angeborene körperliche oder charakterliche Eigenschaften hindern uns nicht daran, absolut frei zu sein.

Wir haben nämlich immer die Chance, uns zu diesen Naturanlagen in Beziehung zu setzen und uns ihnen gegenüber in bestimmter Weise zu verhalten. So kann man beispielsweise seine Augenfarbe, seine Körpergröße und seine Begabungen gut oder schlecht, schön oder hässlich finden. Und man kann sich frei entscheiden, die eigene Kleinwüchsigkeit als Entschuldigung für ein glückloses Leben zu nehmen, oder umgekehrt als Ansporn für große Taten. Der Mensch ist somit immer das, als was er sich selbst entwirft:

> Der Mensch ist nichts anderes als sein Entwurf, er existiert nur in dem Maße, in dem er sich verwirklicht.[8]

Unser Leben hat somit prinzipiell etwas Vorläufiges und Unvollendetes. In jeder Sekunde planen wir uns neu und bestimmen, in welche Richtung wir uns entfalten wollen. Wie aber steht es mit unserer Erziehung, unserer Herkunft und unseren Kindheitserfahrungen? Werden wir nicht doch bereits durch die Vergangenheit geprägt? Wird nicht mancher Weg schon in der Jugend, etwa durch eine fehlende Ausbildung, unmöglich gemacht? Sartre antwortet mit einem klaren „Nein". Man kann eine unglückliche Kindheit zum Anlass nehmen, sich hängen zu lassen oder aber umgekehrt als Ansporn, sein Erwachsenenleben umso erfolgreicher zu gestalten. Sartre hält daher nichts von der pädagogischen Theorie, wonach Erziehung und frühkindliche Erfahrungen den Menschen und seinen Charakter wie einen formbaren Töpferton prägen. Nicht einmal Traumatisierungen und Triebschicksale, wie sie der Psychoanalytiker Sigmund Freud zu entdecken glaubte, lässt Sartre gelten:

> Wir verwerfen im Gegenteil die Theorie des folgsamen Töpfertones ebenso wie die des Triebbündels [...].[9]

Unsere Freiheit ist nach Sartre immer und zu jeder Zeit absolut. Allerdings ist dies nicht nur ein Geschenk, sondern auch eine Bürde. Da wir frei sind, müssen wir uns ständig entscheiden, ob wir wollen oder nicht. Wir können uns nicht einfach treiben lassen, sondern müssen das Leben aktiv gestalten – mit der Betonung auf müssen. Der Mensch hat nämlich keine andere Wahl:

> Der Mensch ist dazu verurteilt, frei zu sein. Verurteilt, weil er sich nicht selbst erschaffen hat, und dennoch frei, weil er, einmal in die Welt geworfen, für all das verantwortlich ist, was er tut.[10]

Da uns niemand vorher fragt, ob wir als Stein, als Blume oder als Mensch zur Welt kommen wollen, sind wir dazu verdammt, mit unserer Entscheidungsfreiheit zu leben.

Freiheit und Schuld

Hier sind wir bereits beim Kerngedanken von Sartre. Da der Mensch faktisch frei ist und wählen muss, macht er sich zwangsweise auch schuldig. Dabei spielt es keine Rolle, ob die jeweils getroffene Wahl gut oder schlecht ist – schuldig wird er in jedem Fall. Das Ergreifen von Möglichkeiten bedeutet nämlich gleichzeitig immer auch einen Verzicht auf andere Möglichkeiten:

Jede Wahl, setzt, wie wir sehen werden, Elimination und Auswahl voraus.[11]

Wenn ich Philosophie studiere, kann ich nicht mehr Astronaut oder Arzt werden; wenn ich heirate, bin ich nicht mehr Single. So gelobt ein Bräutigam seiner Auserwählten vor dem Altar ewige Treue und verzichtet damit auf die Wahl anderer Liebespartner. Dieser traurige Abschied von anderen Wahlmöglichkeiten wird in vielen Kulturen mit einem Polterabend gefeiert, an dem der Bräutigam noch einmal seine Freiheit genießt und ihm alles erlaubt ist, bevor er dann für immer auf andere Frauen verzichtet. Ein solcher Prozess des Abschiednehmens findet aber nicht nur bei den großen Entscheidungen der Ehepartner– oder Berufswahl statt, sondern tagtäglich in hundert kleinen Alltagssituationen. Die Summe der großen und kleinen Entscheidungen bestimmt die Richtung unseres Lebens. Wer beispielsweise gerade dieses Buch über Sartre liest und sich auf den Existenzialismus einlässt, hat in diesem Moment auch schon wieder eine Wahl getroffen. Er verzichtet nämlich darauf, sich in derselben Zeit mit Freunden zu treffen oder ins Kino gehen. So ist jede Entscheidung eine Auswahl. Was aber passiert, wenn man sich weigert und gar nichts wählt? Sartre hat auch diese Möglichkeit bedacht:

Wir können uns als Fliehenden, Ungreifbaren, Zögernden usw. wählen; wir können uns also sogar dazu erwählen, uns nicht zu wählen.[12]

Man kann also tatsächlich wählen, nicht zu wählen, aber damit hat man, ohne es zu wollen, auch wieder eine Wahl getroffen. Wenn ich mich nicht auf eine neue Beziehung oder berufliche Veränderung einlasse, weil ich keine Wahl treffen kann oder will, habe ich damit auch eine Entscheidung getroffen, nämlich die Entscheidung, mein bisheriges Leben unverändert fortzusetzen. Und dafür muss ich genauso einstehen, wie für ein neues Ziel:

[...] die Verantwortung für diese Ziele fällt uns zu: was auch unser Sein sein mag, es ist Wahl.[13]

Da wir die volle Verantwortung für unsere Ziele haben, werden wir schuldig. Diese Schuld ist bei Sartre keine moralische Schuld, wie etwa die Schuld, gegen eines der zehn Gebote oder gegen Gesetze verstoßen zu haben. Es ist auch keine Schuld vor Gott oder gegenüber den anderen Menschen. Es ist zunächst eine Schuld gegenüber uns selbst. Denn wir haben uns durch unsere Entscheidung für einen Beruf, einen Partner oder ein Land, in dem wir leben, vieler anderer Möglichkeiten beraubt. Diese Art von Schuld beziehungsweise Verantwortung, lässt sich, so Sartre, nicht vermeiden:

> Der Mensch [...] kann nicht umhin zu wählen: entweder bleibt er keusch, oder er heiratet, ohne Kinder zu bekommen, oder er heiratet und hat Kinder; was er auch tut, es ist ihm in jedem Fall unmöglich, nicht die totale Verantwortung angesichts dieses Problems zu übernehmen.[14]

Die Freiheit verdammt uns also zu absoluter Verantwortung. Doch diese Verdammnis hat auch etwas Gutes. Durch die Wahl und die Eliminierung anderer Möglichkeiten bekommt jeder Augenblick oder, wie Sartre sagt, jede Situation ihre besondere Bedeutung. Da wir sterblich sind, können wir unsere Auswahl nicht beliebig wiederholen. Würden wir ewig leben, wäre es möglich, der Reihe nach jeden denkbaren Beruf zu ergreifen, jedes Musikinstrument zu lernen, jede Sportart zur Perfektion zu bringen und unendlich viele Liebesbeziehungen zu haben. Alles wäre beliebig, da wir jede Möglichkeit, die wir auslassen, irgendwann nachholen könnten. Da wir aber als menschliche Wesen auf den Tod zugehen, ist jeder Moment unseres Lebens einzigartig und unwiederholbar. Manche Chancen hat man tatsächlich nur einmal im Leben. Aber auch bei kleinen Entscheidungen stehen wir unwiederbringlich in der Verantwortung gegenüber unserem Dasein.

Der Kerngedanke von Sartres Philosophie wird jetzt klarer: Die Freiheit ist eine dreifache Verdammnis. Erstens werden wir in die Existenz als Freiheit hineingeworfen, ohne vorher gefragt zu werden, zweitens müssen wir im Alltag ständig Möglichkeiten auswählen und uns andere vorenthalten und drittens sind wir verurteilt, für diese Auswahl geradezustehen und die Schuld auf uns zu nehmen.

Freiheit als Ekstase und Ausstand

Die Freiheit ist auch der Grund für die Möglichkeit, zu versagen. Eine Möglichkeit, die ein Stein oder eine Pflanze laut Sartre nicht haben. Denn der Stein existiert nicht, zumindest nicht im Sinne von „Existenz". Der Stein ist nur vorhanden. Er trifft keine Entscheidungen. „Existenz" nennt Sartre dagegen das Hinausstehen in die Freiheit, das einem Stein nicht zukommt. Sartre bezieht sich hier auf das ursprüngliche lateinische Wort „existere", was soviel heißt wie „herausstehen", „heraustreten". Der Mensch ragt mit seiner Freiheit über seine bloße körperliche Vorhandenheit hinaus in einen transzendentalen Raum:

[...] das Wesen des menschlichen Seins ist hineingehalten in dessen Freiheit.[15]

Was meint Sartre damit? Der Mensch ist insofern in die Freiheit „hineingehalten", als er einen Beobachterstandpunkt außerhalb von sich selbst einnehmen muss und sich dabei selbst zum Gegenstand wird. Im Unterschied zum Stein und zur Pflanze ist der Mensch herauskatapultiert aus dem Naturzusammenhang – ein Freigelassener der Natur, der sich erst selbst erschaffen und wählen muss:

Der Mensch schafft sich, er ist nicht von Anfang an fertig geschaffen.[16]

Diese Qualität kommt nach Sartre exklusiv dem Menschen zu. Eine Zecke beispielsweise ist fest in einen Reiz-Reaktionsmechanismus eingebunden. Sie kennt keinen Ausstand, keine Ekstase im Sinne der Existenz. Die Zecke ist, wie der berühmte Naturforscher Jakob von Üexküll einmal festgestellt hat, mit der Natur in einen festen Funktionsplan verwoben. Ihre Weltwahrnehmung ist eng begrenzt. Sie hat ein gewisses Gefühl für Höhe, sitzt auf dem Ast und besitzt ein hochsensibles Organ zur Wahrnehmung von Körperschweiß in Form von Buttersäure und Wärme. Sie ist ansonsten blind und taub. Irgendwann kommt ein Reh vorbei. Die Zecke hat vielleicht schon mehrere Monate ohne Nahrung auf dem Ast ausgehalten. Jetzt spürt sie, wie der Schweißgeruch von weither zunimmt, immer stärker wird, bis er schließlich eine Intensität erreicht, dass sie sich fallen lässt und sich am Reh festklammert. Dieses sich Fallenlassen ist aber keine Wahl, keine existentielle Entscheidung im Sinne Sartres. Natürlich ist es für die Zecke von größter Bedeutung, ja sogar lebenswichtig, exakt den richtigen Moment zu erwischen. Lässt sie sich nämlich zu früh oder zu spät fallen, hat sie vielleicht ihre einzige Chance vertan. Aber sie hat kein Problem mit ihrer Handlung. Weder verkrampft sie, noch wird sie nervös, weil sie sich im Sinne Sartres nicht entscheiden muss, ja gar nicht entscheiden kann. Sie ist gezwungen, sich genau in dem Moment fallen zu lassen, in dem der Schweißgeruch eine bestimmte, empirisch messbare Intensität erreicht. Und selbst wenn eine plötzliche Windböe der Zecke im letzten Moment einen Strich durch die Rechnung macht, würde sie sich keine Vorwürfe machen, da sie sich selbst nicht zum Objekt wird. Sie besitzt, wie Sartre sagen würde, keine Transzendenz. Transzendenz kommt vom lateinischen Wort „transcendere" und heißt auf Deutsch „übersteigen". Die Zecke besitzt also keine Möglichkeit des Überstiegs, sondern ist fest in den Bauplan der Natur verwoben. Sie bleibt Teil der gegenständlichen Natur oder, wie Sartre sagt, bloßes „an sich, das ist, was es ist". Der Mensch hingegen muss sich auf die Zukunft hin entwerfen und lebt immer auch „für sich". Sein Wesen ist nicht definiert, es muss erst definiert werden. Deshalb kann Sartre sagen:

> [...] der Mensch [ist] ein Wesen, bei dem die Existenz der Essenz vorausgeht.[17]

Dieser viel zitierte Satz hat eine erhebliche philoso-
phiegeschichtliche Bedeutung. Essenz heißt „Wesen".
Sartre kritisiert mit diesem Satz die ganze bisherige
abendländische Tradition der „Wesensphilosophie".
Denn alle bisherigen Philosophen von Platon über
Augustinus bis Schelling haben die umgekehrte These vertreten, wonach es sogenannte „Essenzen" gibt,
also zeitlose Ideen und Wesenheiten, die der einzelnen menschlichen Existenz vorausgehen. Die Essenz
oder das Wesen der Dinge kommt gemäß dieser Denk-
richtung immer vor der Existenz. So hat der griechische Philosoph Platon behauptet, die essentielle Idee
des Guten, Wahren, Schönen oder auch die Idee der
Gerechtigkeit seien von göttlicher Natur und völlig
unabhängig vom einzelnen konkreten Menschen. Die
Menschen werden geboren und sterben irgendwann,
die Ideen des Guten oder der Gerechtigkeit aber sind
zeitlos. Die einzelnen Menschen hätten lediglich die
Möglichkeit, während ihrer Existenz an dieser ewi-
gen Idee und somit an der Essenz teilzuhaben und
sich nach ihr zu richten. Das zeitlose Wesen der Gerechtigkeit aber, also die Essenz, geht nach Platon
der Existenz des Menschen voraus.

Sartre verneint diese Annahme Platons vehement
und behauptet das genaue Gegenteil: Jede Idee, jede
Vorstellung von Gerechtigkeit, jede Vorstellung über-

haupt kommt erst mit dem konkret existierenden Menschen in die Welt. Zuallererst muss ein Mensch da sein, der sich Gedanken macht und sich und seine Welt entwirft. Sartre schreibt unmissverständlich:

Der Mensch ist zunächst ein sich subjektiv erlebender Entwurf. [...] nichts existiert vor diesem Entwurf; nichts ist am intelligiblen Himmel, und der Mensch wird zuerst das sein, was er zu sein entworfen haben wird.[18]

Deshalb geht in Sartres Philosophie die Existenz, also der lebendige Mensch, der Essenz voraus.

Das „für-sich" und das „an-sich"

Die Begriffe „für sich" und „an sich" hat Sartre von Hegel entlehnt und verwendet sie durchgehend in seinem philosophischen Hauptwerk „Das Sein und das Nichts". Sie beschreiben im Grunde etwas ganz Einfaches.

Nur der Mensch als „für sich" kann zu sich selbst eine Außensicht und Meinung entwickeln. Er kann sich selbst für seine Entscheidungen zur Rechenschaft ziehen, etwas bereuen, auf etwas stolz sein, sich für etwas schämen oder etwas für sich bedauern. Steine und Pflanzen sind nur das, was sie an sich sind. Im Grunde kann man die Begriffe „Mensch", „Freiheit" und „für sich" gleichsetzen. Sartre verwendet mal den einen, mal den anderen Begriff, meint aber jeweils dasselbe. Es geht immer darum, dass der Mensch für sich selbst Sorge tragen muss, die Zukunft für sich planen und für sich und seine Taten einstehen muss. Und mit diesem eigentlich sehr einfachen Begriff erklärt Sartre jetzt provokativ das Wesen der menschlichen Freiheit:

Wir werden sehen, dass das Sein des für sich [...] bestimmt werden muss, als das, was es nicht ist, und als nicht das, was es ist.[19]

Wer diesen Satz verstanden hat, hat den Kern der Existenzphilosophie von Sartre verstanden. Auf den ersten Blick ist der Satz verwirrend und widersprüchlich. Die Aussage, „das Sein des für sich muss bestimmt werden als das, was es nicht ist und als nicht das, was es ist" ergibt aber durchaus einen Sinn. Wenn Sie als Leser im vorliegenden Buch über Sartre eine Ecke abknicken, ist das dem Buch egal, denn es spürt keinen Schmerz. Ja, es ist ihm nicht einmal egal, das wäre schon zuviel gesagt, das Buch hat ja kein Bewusstsein von sich. Es ist, so Sartre, ein reines „an sich", das ist, „was es ist". Die menschliche Existenz hingegen ist niemals nur das, was sie gerade ist. Sie kann als „für sich" niemals in dem aufgehen, was sie im Moment gerade darstellt.

Selbst wenn sich ein Mensch den Finger einzwickt, geht er niemals ganz in seinem Schmerz auf, sondern wird sich im Moment des Schmerzes schon wieder selbst zum Gegenstand der Beobachtung und überlegt blitzschnell, wie er sich neu entwerfen muss, um dem Schmerz schnellstmöglich Abhilfe zu verschaffen. Deshalb ist das Sein des Menschen niemals nur das, was es gerade ist, sondern immer auch schon ein bisschen das, was es in Zukunft sein wird. Das menschliche „für sich sein" kann sich nämlich in jeder Sekunde zu etwas Neuem machen oder zumindest den Plan haben, nicht mehr das zu sein, was es gerade ist. Und das ist der erste Schritt zum Verständnis des obigen Satzes: Der Mensch muss bestimmt werden als das, was er (noch) nicht ist, und nicht als das, was er (gerade im Augenblick) ist. Er ist nämlich sich selbst immer ein Stück voraus. Diesen Sachverhalt erklärt uns Sartre nun sehr eindrucksvoll in seinen Ausführungen über die Zeitlichkeit.

Die drei Ekstasen der Zeitlichkeit

Sartre unterscheidet drei verschiedene Zeitwahrneh-
mungen, die sogenannten Ekstasen der Zeitlichkeit:
Die Vergangenheit, die Gegenwart und die Zukunft.
Er spricht von Ekstasen, weil wir Menschen sowohl
in die Dimension der Gegenwart und der Vergangenheit als auch in die der Zukunft hineinragen. Ent-
scheidend ist dabei wieder der Freiheitsgedanke. Wir
sind, so Sartre, frei gegenüber der Zukunft, der Gegenwart und der Vergangenheit. Die Freiheit gegenüber der Zukunft ist leicht zu verstehen. Sie bedeutet einfach nur, dass wir uns auf die Zukunft hin neu
entwerfen können. Ich kann, wenn ich mit meinem
Beruf unzufrieden bin, eine Umschulung machen
und versuchen, mir den Traum zu erfüllen, statt als
Buchhalter künftig als Reiseleiter in fernen Ländern
zu arbeiten. Also bin ich gegenüber der Zukunft frei.

Auch auf die Gegenwart kann ich aufgrund meiner Entscheidungsfreiheit einwirken, indem ich sie
spontan gestalte und verändere. Aber was ist mit
der Vergangenheit? Freiheit gegenüber der Vergangenheit kann es doch eigentlich nicht geben, da die
Vergangenheit bereits abgeschlossen ist und kein
Mensch seine Biografie nachträglich noch ändern
kann. Selbst wenn man sich eine schönere Vergan-

genheit wünschen würde, bliebe sie doch dieselbe. Wie also kann Sartre allen Ernstes behaupten, wir seien gegenüber unserer Vergangenheit frei?

Die Zukunft, so argumentiert er, ist bei weitem nicht nur das, was wir künftig tun wollen und tun werden, sie bestimmt sowohl die Gegenwart als auch die Vergangenheit. Denn die Freiheit, Pläne zu machen, zu wählen, zu entscheiden, wirkt sich immer auch auf die Gegenwart und die Vergangenheit aus. Ich kann beispielsweise, wenn ich nicht mehr Buchhalter, sondern Architekt sein will, nebenher berufsbegleitend Architektur studieren. Dann wirkt dieser Entwurf bereits auf die Gegenwart, weil ich den ungeliebten Buchhalterjob nun möglicherweise viel besser und leichter ertragen kann, da ich ihn nur noch als Übergang zu einer neuen beruflichen Herausforderung sehe.

Jetzt versteht man auch den tieferen Sinn des zunächst so unlogischen Satzes von Sartre, dass das „für sich" nicht das ist, was es ist. Der Mensch ist nämlich nicht nur das, was er gerade im Moment ist oder war, sondern er ist immer auch schon ein bisschen das, was er noch nicht ist, aber sich vorgenommen hat, künftig zu sein. Der Buchhalter, der Architektur studiert, ist nicht mehr nur Buchalter, auch wenn er es lange Zeit war. Er ist auch schon ein bisschen Architekt, auch wenn er es noch nicht ist. So wirkt die Zukunft auf die Gegenwart. Darüber hinaus, so Sartre, verändert der zukünftige Entwurf aber auch die Vergangenheit:

> Ich allein kann nämlich jeden Augenblick über die Tragweite der Vergangenheit entscheiden; [...] indem ich mich auf meine Ziele hin entwerfe, nehme ich die Vergangenheit mit mir, und entscheide durch das Handeln über ihre Bedeutung.[20]

Die Vergangenheit ist zwar gegeben und als Gegebenes nicht rückgängig zu machen, aber mit unserem Zukunftsentwurf verändern wir die Bedeutung, die wir der Vergangenheit geben. Mit jeder Neuorientierung fallen alle Ereignisse der Vergangenheit aus ihrer Kontinuität. Wie die Perlen einer zerrissenen Kette springen sie durcheinander und werden dann gemäß meinem neuen Entwurf wieder aufgefädelt.

In unserem Beispiel erlebt der künftige Architekt seine Vergangenheit auf neue Weise. So wurde ihm schon als Kind vorgeworfen, er sei einfältig, da er stundenlang nur mit seinen Bauklötzen spielen und sich für nichts anderes interessieren würde. Bisher hatte er dies auch so gesehen und sich dafür geschämt. Jetzt auf einmal interpretiert er sein fanatisches Spiel mit den Bauklötzen als Kreativität und frühes Zeichen seiner Berufung für den Architektenberuf. Anderes, was früher wichtig gewesen war, dass er beispielsweise sehr gut kopfrechnen konnte, ist auf einmal unbedeutend oder marginal. Auch die Kindheitsbegegnungen mit seinem reichen Onkel, den er als erfolgreichen Prokuristen einer internationalen Firma stets bewundert hatte, werden plötzlich unwichtig, während die Entdeckung eines Buches über den spanischen Architekten Antoni Gaudí im Bücherregal des Vaters zu einem wichtigen Moment aufsteigt. Deshalb kann Sartre sagen, dass wir nicht nur unsere Zukunft und Gegenwart wählen, sondern auch unsere Vergangenheit:

Wir wählen die Welt – nicht in ihrem Aufbau als solchem, sondern in der Bedeutung, indem wir uns wählen.[21]

Ein anderes Beispiel, wie unsere zukünftigen Entwürfe die Vergangenheit verändern, ist die Geschichtsschreibung. Die historischen Ereignisse der Antike sind längst vorbei. Niemand kann sie mehr beeinflussen. Dennoch wird die Geschichte ständig neu geschrieben. Sogar Schulbücher müssen regelmäßig geändert werden. Denn mit jeder neuen Gesellschaftsordnung und mit jeder zukünftigen Idee wandelt sich auch der Maßstab, den wir an die Geschichte anlegen.

So war die Geschichtsschreibung der DDR während der Teilung Deutschlands aufgrund der damaligen sozialistischen Gesellschaftstheorie eine ganz andere als die der Bundesrepublik. Im Museum der Antike im sozialistischen Teil Deutschlands wurde beispielsweise die Geschichte Alexanders des Großen aufgrund des neuen Entwurfs des Arbeiter- und Bauernstaates radikal umgeschrieben. Während man in westdeutschen Museen und Schulen noch lernte, dass Alexander der Große mit seinem Heldenmut die zahlenmäßig überlegenen Heere der Perser besiegte und ein großes panhellenisches Reich schuf, hieß es im sozialistischen Museum nur, dass ein von persönlichem Ehrgeiz getriebener Imperialist einen ganzen Kontinent überfallen hat. Alexander der Erste, Sohn von Phillip dem Zweiten, hätte fälschlich den Beinamen „der Große" bekommen. In Wahrheit habe er aus niederen Motiven mit einer Armee von bezahlten Söldnern ein Blutbad angerichtet und die einzigartigen Paläste von Susa und Babylon unwiederbringlich zerstört. Alexander der Erste hätte damit die jahrhundertelange Arbeit von Tausenden Werktätiger für immer zunichte gemacht und sich als dumpfer Barbar erwiesen. Sein militärisch erzwungenes Reich sei nach seinem Tod auch schnell wieder zerfallen.

An diesem Beispiel sieht man, wie der neue Entwurf einer Gesellschaft auch die Geschichte umwälzt. Sartre sagt wörtlich über das Wesen der Vergangenheit:

[...] ihr Sinn kommt ihr aus der Zukunft zu [...] Denn die Kraft der Vergangenheit kommt zu dieser allein durch die Zukunft.[22]

Da die Vergangenheit somit unsere Freiheit in keiner Weise begrenzen kann, wiederholt Sartre seine radikale These, dass der Mensch weder durch seine Veranlagung, noch durch seine Erziehung und sein bisheriges Leben eingeschränkt wird. Er ist und bleibt absolut frei:

Der Mensch ist nichts anderes als sein Entwurf [...].[23]

Die „mauvaise foi"
oder die Unaufrichtigkeit

Die Vergangenheit hat also keinerlei Macht über uns. Indem wir uns neu entwerfen, sehen wir alles in anderem Licht:

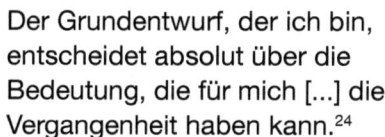

Der Grundentwurf, der ich bin, entscheidet absolut über die Bedeutung, die für mich [...] die Vergangenheit haben kann.[24]

Deshalb ist auch jeder für sein Leben selbst verantwortlich. Ein Herausreden auf determinierende Faktizitäten wie Konstitution, Anlagen, Milieu und Zufälle ist, so Sartre, reine Unaufrichtigkeit, oder wie er es nennt: „mauvaise foi". Nach Sartre spielt es nämlich keinerlei Rolle, ob man in einem Armenviertel oder in einer Millionärsvilla aufwächst, in einem Dorf oder einer Millionenstadt:

Denn die Zukunft entscheidet, ob die Vergangenheit lebendig oder tot ist.[25]

Vom Schriftsteller Baudelaire heißt es, die Vergangenheit hätte sein Leben überschattet. Er hätte deshalb nicht das Leben gehabt, das er verdient hatte. Das lässt Sartre natürlich nicht gelten. Baudelaire sei zwar ein Leben lang unglücklich und einsam gewesen, doch habe er sich selbst als einen zur Einsamkeit Verdammten erwählt. Baudelaire hing abgöttisch an seiner Mutter. Er liebte sie über alles. Sie war für ihn die Rechtfertigung seiner Existenz, er fühlte sich mit ihr für immer vereint. Als die Mutter dann aber wieder heiratete, schickte sie ihn in ein Pensionat. Das Ereignis bedeutete für Baudelaire einen schweren Bruch in seinem Leben. Er konnte es nicht ertragen, dass seine geliebte Mutter, statt mit ihm zusammenzubleiben, wieder heiratete und ihn einfach abschob. Deshalb, so wurde auch von psychoanalytischer Seite gemutmaßt, hätte Baudelaire sich später schwergetan, zu Frauen normale Beziehungen aufzunehmen. Tatsächlich hatte er vorwiegend Verhältnisse mit Prostituierten. Seine Beziehungen zu anderen Frauen sind alle tragisch gescheitert. Er wurde immer wieder, genau wie in der Kindheit, verlassen, betrogen und hintergangen. In „Mon coeur mis à nu" schreibt Baudelaire dann auch: „Gefühl der Einsamkeit seit meiner Kindheit. Trotz der Familie – und vor allem inmitten der Gefährten – immer das Gefühl eines in alle Ewigkeit einsamen Schicksals."

Sartre kritisiert dies als Ausrede. Die Tatsache der Trennung könne nicht die Ursache der lebenslangen Einsamkeit gewesen sein, denn er hätte sich im Hinblick auf die Trennung von der Mutter ja auch als notwendig in die Selbständigkeit Befreiter entwerfen oder das Ereignis des Verlustes mit einer starken Anlehnung an die Mitmenschen beantworten können. Anstatt neue Freunde zu suchen, hat er das Ereignis zum Anlass genommen, sich als Einsamen und Verlassenen zu erwählen, was dann als Urentwurf in all seinen späteren Entwürfen durchscheint. So hat er später nur zu abstoßenden Frauen Beziehungen aufgenommen, um mit dem provozierten Scheitern sich selbst zu beweisen, dass Bindungen für ihn sinnlos sind. Er hat sich also selbst für die Einsamkeit entschieden:

> Ergrimmt wirft er sich in sie hinein, schließt er sich in ihr ein, und da er nun einmal verurteilt ist, will er, dass diese Verurteilung unwiderruflich sei.[26]

Baudelaire ist nach Sartre der „mauvaise foi", der Unaufrichtigkeit verfallen. In diesem Zusammenhang kritisiert Sartre auch die Theorie des Minderwertigkeitskomplexes des berühmten Psychoanalytikers Adler. Es gibt nach Sartre keinen Minderwertigkeitskomplex, sondern nur eine Minderwertigkeitswahl:

Aber eine solche Wahl ist feige, da man sich als Ohn-
mächtigen wählt, um nicht in die Gefahr zu kommen,
falsche Entscheidungen zu treffen und Verantwortung übernehmen zu müssen. Aufgabe einer künfti-
gen, neu zu gründenden existentiellen Psychoanalyse
wäre es, so fordert Sartre, diesen Urentwurf, diesen
Stil des Wählens bei den Patienten zu erkennen und
sie zu einer Neuorientierung zu ermutigen.

So ist die gefühlte und er-
lebte Minderwertigkeit das
erwählte Werkzeug, um uns
einer Sache ähnlich zu machen, das heißt, um uns als
reines Draußen inmitten der
Welt existieren zu lassen.[27]

Das Nichts

Sartre wiederholt in immer neuen Anläufen seine Überzeugung, dass nichts unsere Freiheit einschränken kann. Aber – und das ist die Kehrseite dieser absoluten Freiheit – es gibt gerade deshalb auch nichts, was uns hilft, unser Leben zu bewältigen, nichts, was uns sagt, wie wir leben sollen. Und es gibt – das ist vielleicht der bedrohlichste Aspekt – am Ende nichts, das uns sagt, warum wir überhaupt leben sollen. Denn, so Sartre:

Wenn nichts mich zwingt, mein Leben zu bewahren, hindert mich nichts, mich in den Abgrund zu stürzen.[28]

Die Entscheidung für das Leben muss daher immer wieder neu getroffen werden. Sartre war Atheist. Er glaubte nicht an Gott. Wenn Menschen im Gebet oder in der meditativen Andacht eine innere Stimme hören, die ihnen sagt, dass und wie sie leben sollen, was gerecht und gottgewollt ist, hören sie nach Sartre in Wirklichkeit keine fremde Stimme, sondern nur ihre eigene. Dies gilt auch dann, wenn sie es sich selbst nicht eingestehen und fest an Gott glauben. Denn letztlich, so Sartre, ist der Mensch wesensmäßig dazu verdammt, seine Entscheidungen allein zu treffen. Kein Gott, keine höhere Macht kann das für ihn übernehmen. Denn in seinem innersten Kern gründet sich das menschliche Dasein auf Nichts. Davon war Sartre zutiefst überzeugt. Deshalb gab er seinem philosophischen Hauptwerk den Titel „Das Sein und das Nichts". Mit der Betrachtung des Nichts sind wir im Zentrum seiner Existenzphilosophie angekommen. Was ist das Nichts? Kann man es erfahren? Oder ist es nur eine abstrakte Vorstellung, also das gedachte Gegenteil von dem, was uns alltäglich umgibt?

Sartres Antwort ist verblüffend. Das Nichts ist keineswegs nur das gedachte logische Gegenteil von etwas Vorhandenem, sondern kann intensiv erlebt und gefühlt werden. In der Stimmung der Angst offenbart sich dem Menschen unmittelbar das Nichts, das er im Innersten seines Wesens beständig mit sich trägt:

> In der Angst ängstigt sich die Freiheit vor sich selbst, insofern sie immer von nichts beunruhigt oder behindert wird.[29]

Dabei unterscheidet Sartre zunächst die Begriffe Angst und Furcht. Die Furcht bezieht sich immer nur auf etwas Konkretes. Man fürchtet sich vor einem aggressiven Hund, vor einer Prüfung, einem Unwetter oder einem Feind. Die Angst hingegen hat oftmals keinen konkreten Gegenstand. Sie ist zwar auch bedrohlich, aber ihre Bedrohlichkeit ist von anderer Natur. Denn, so Sartre:

> Die Angst unterscheidet sich von der Furcht dadurch, dass die Furcht Furcht der Lebewesen vor der Welt ist und die Angst Angst vor mir selbst.[30]

Sartre verdeutlicht dies am Beispiel eines Soldaten im Schützengraben, der sich zunächst nur fürchtet, bevor ihn dann das fundamentale Gefühl der Angst übermannt:

> Die Artillerievorbereitung, die dem Angriff vorausgeht, kann bei dem Soldaten, der die Beschießung über sich ergehen lassen muss, Furcht

> hervorrufen; die Angst dagegen beginnt bei ihm, wenn er sich sein Verhalten auszumalen versucht, das er der Beschießung entgegensetzt, wenn er sich also fragt, ob er es wird ‚aushalten' können.[31]

49

Die Angst zeichnet sich also im Kern dadurch aus, dass der Mensch sich davor ängstigt, die Aufgabe des Lebens nicht mehr bewältigen zu können. Dabei muss es sich keineswegs um Extremsituationen handeln. Auch der Alltag kann zum Problem werden, wenn das Dasein nicht mehr in der Lage ist, die Aufgabe des Lebens entschlossen anzugehen. Ob und in welcher Weise wir diese Aufgabe übernehmen, obliegt ganz und gar unserer Freiheit. Die absolute Freiheit ist für uns somit das größte Geschenk und gleichzeitig der Grund fundamentaler Beängstigung:

In der Angst wird dem Menschen seine Freiheit bewusst [...]. In der Angst befindet sich die Freiheit in ihrem für sich selbst in Frage stehen.[32]

Die Freiheit und das Nichts sind nur zwei Seiten einer Medaille, sie bedingen sich gegenseitig. Die menschliche Freiheit ist nur deshalb absolut, weil sie von nichts begrenzt wird, weil wir uns mit unserer Entscheidung für das Leben erst zu dem machen müssen, was wir sind. Der Mensch muss sich somit immer wieder entschlossen in das Nichts setzten und sich neu erfinden. Obgleich wir dies alltäglich tun, bleibt die Erfahrung des Nichts beängstigend. Weil aber die Angst den Menschen unmittelbar mit sich selbst, seinem Nichts an Sein, konfrontiert, kann sie auch von nichts anderem abgeleitet werden. Das heißt, die Angst ist nicht etwas, das uns manchmal ergreift und manchmal nicht. Sie ist etwas Ursprüngliches: Sartre sagt provokativ:

Wir sind Angst.[33]

Wenn tatsächlich absolute Freiheit immer mit dem Gefühl der Angst vor dem Nichts einhergeht, stellt sich die Frage, warum wir dann nicht in einem beständigen und alltäglichen Angstzustand leben. Auch Sartre stellt sich diese Frage:

Wenn die Angst von der Freiheit Kunde gibt, so müsste sie mein Gefühl in dauernde Erregung versetzen. Sie ist aber, im Gegenteil, ein Ausnahmezustand. Wie soll man die Seltenheit des Angstphänomens erklären? [34]

Sartres Antwort ist einfach. Im Alltag treffen wir unsere Entscheidungen, indem wir routiniert aus verschiedenen Möglichkeiten diejenige auswählen, die uns gerade am vorteilhaftesten erscheint. Angst kommt dabei erst gar nicht auf, da wir uns der Dimension des Nichts, das diesen Entscheidungsspielraum überhaupt erst ermöglicht, gar nicht bewusst werden. Und selbst wenn bei einer schwierigeren

Entscheidung das Gefühl der Angst aufkommen will, unterdrücken wir es in der Regel sofort, indem wir uns einfach an den Entscheidungen der anderen orientieren, dem Rat anderer folgen oder aus Bequemlichkeit so entscheiden, wie man halt in einer solchen Situation entscheidet. Das ändert aber nichts daran, dass letztlich jede Entscheidung eine Creatio ex nihilo, eine Entscheidung aus dem Nichts ist:

Die Freiheit ist eben das Nichts, das im Herzen des Menschen zu einem Gewesenen geworden ist und die menschliche Realität zwingt, sich zu machen, anstatt zu sein. [35]

Erblicken und erblickt werden

Mit der absoluten Freiheit als Erfahrung des Nichts ist der Kerngedanke von Sartres Existenzphilosophie ausgesprochen. Doch erstaunlicherweise stellt er in seinem Hauptwerk „Das Sein und das Nichts" nun noch eine zweite und überaus spannende Frage: Die Frage nach dem anderen Menschen. Wie sieht es mit dem Mitmenschen aus? Kann uns nicht der andere Halt geben? Wie nehmen wir den anderen wahr? Stellt der andere womöglich sogar eine Begrenzung meiner Freiheit dar?

Sartre war mit seiner Analyse des „Für-Andere-Seins" einer der ersten Denker überhaupt, die sich intensiv mit der Struktur der zwischenmenschlichen Beziehung beschäftigt haben. Jahrtausende haben die Philosophen immer nur zu ergründen versucht, wie der einzelne Mensch denkt, fühlt und handelt. Sartre dagegen thematisiert aufmerksam das Verhältnis zum Mitmenschen und stellt explizit die spannende Frage: Wie sieht die Struktur der zwischenmenschlichen Beziehung aus?

Die Basis jeder menschlichen Beziehung und damit die Struktur des Für-Andere-Seins versucht er zuallererst durch seine brillanten phänomenologischen Analysen des „Blicks" offenzulegen. Mit dem „Blick" meint Sartre dabei weniger die physische Eigenschaft, sehen zu können, als vielmehr das Empfinden der Gegenwart des Anderen. Wenn wir beispielsweise, ohne überhaupt etwas zu sehen, hinter uns ein Rascheln im Gebüsch hören, können wir uns erblickt fühlen, da wir auf die nahe Anwesenheit eines anderen verwiesen sind, der uns in einer uns unbekannten Weise in seinen Handlungsentwurf einbezieht; sei es, dass er uns als Räuber überfallen, als Freund begrüßen oder als Passant unbeachtet lassen will.

Im Erblicken und Erblickt-werden offenbart sich nach Sartre ganz deutlich, dass der Andere keinesfalls nur ein gewöhnliches Objekt unter vielen Objekten ist, die wir im Alltag wahrnehmen. Wir können zum Beispiel ganz gelassen und ungeniert auf einer Parkbank sitzen, den Weg, den Rasen, die Blumen, die Bänke und andere Objekte betrachten und sie der Reihe nach hinsichtlich ihres Abstandes zu uns und untereinander gruppieren und wahrnehmen.

Sobald nun aber ein Spaziergänger auftaucht, geht etwas Seltsames in uns vor. Irgendwie gelingt es nicht mehr, die alte Betrachtungsweise aufrechtzuerhalten und das menschliche Wesen wie eine Puppe oder ein unbelebtes Objekt in die Reihe der anderen

Objekte einzureihen:

Wenn ich denken müsste, dass es weiter nichts als eine Puppe ist, würde ich ihm jene Kategorien beilegen, die mir gewöhnlich dazu dienen, die raum-zeit-lichen ‚Dinge' zu gruppieren. Das heißt, ich würde ihn als etwas auffassen, das ‚neben' den Stühlen ist, 2,20 m vom Rasen weg und einen gewissen Druck auf

den Erdboden ausübt und so weiter. Seine Beziehung zu den anderen Objekten würde von einem rein additiven Typus sein; das bedeutet, dass ich ihn verschwinden lassen könnte, ohne dass die gegenseitigen Beziehungen der anderen Objekte dadurch merklich geändert würden. [36]

Dies scheint nun aber auf einmal nicht mehr möglich zu sein, und wir müssen feststellen, dass die bisher von uns wohlgeordneten Dinge durch das Erscheinen des Anderen ganz neue und unkontrollierbare Bewandtniszusammenhänge erfahren haben. Die grüne Wiese, auf der der Spaziergänger geht, die Bank, auf die er sich hinbewegt, beziehen ihre Bedeutung und ihre Entfernungen nun auf seltsame Weise aus dieser fremden Person. Ein ganzer Raum ordnet sich um den Anderen herum neu an, und dieser Raum wird ohne meine Erlaubnis aus meinem Raum gebildet:

> Er ist eine Neuanordnung aller meinen Mikrokosmos anfüllenden Dinge, der ich beiwohne und die sich mir entzieht. [37]

Der Spaziergänger erweist sich somit keineswegs nur als Gegenstand, der sich wie die anderen Gegenstände in meinem Umfeld einordnen lässt, sondern er ordnet selbst, wie Sartre sagt, als „privilegierter Objekt-Anderer" seine Welt neu an. So ist mit dem Auftauchen des Anderen plötzlich ein Gegenstand sichtbar geworden, der mir die Welt gestohlen hat:

Alles ist an seinem Platz, alles ist immer für mich da, aber alles ist von einem unsichtbaren und regungslosen Ausrinnen auf einen neuen Gegenstand hin durchwaltet. Die Erscheinung des Anderen in der Welt entspricht also [...] einer Dezentrierung der Welt, die die Zentrierung unterminiert, die ich zur selben Zeit erwirke.[38]

Der Andere ist somit, so schlussfolgert Sartre:

[...] die beständige Flucht der Dinge auf ein Ziel hin, was ich in einer gewissen Entfernung von mir als Objekt erfasse, was mir aber gleichzeitig insoweit entgeht, als es um sich herum seine eigenen Entfernungen entfaltet.[39]

Darüber hinaus gewinnt nun der Andere für uns eine noch größere Bedeutung, fasst man nämlich den Umstand ins Auge, dass der Andere nicht nur die von ihm erblickte Welt nach eigenen Interessen anordnet, sondern auch uns selbst in seine Welt mit einbezieht. Der „privilegierte Objekt-Andere" wird plötzlich zum „Subjekt-Anderen". Er wird als solcher von mir in meiner beständigen Möglichkeit erfahren, von ihm gesehen zu werden. Das heißt, im Erblickt-werden durch den Anderen erfasse ich ihn als Subjekt, werde aber zugleich auf mich zurückgeworfen und fixiert. Fixiert insofern, als ich mich der jeweiligen Bedeutung, die mir von dem anderen Menschen zugeschrieben wird, nicht entziehen kann. Sartre erläutert dies eindrucksvoll am Phänomen der Scham.

Die Scham im Blick des Anderen

> Nehmen wir an, ich sei aus Eifersucht, aus Neugier oder lasterhafterweise so weit gekommen, mein Ohr an die Tür zu legen oder durch ein Schlüsselloch zu spähen [...].

> Jetzt habe ich Schritte im Vorsaal gehört: man sieht mich. Was soll das heißen? Das soll heißen, dass ich in meinem Sein plötzlich von etwas betroffen werde und dass in meinen Strukturen wesentliche Veränderungen auftreten – Veränderungen, die ich erfassen und durch das reflexive cogito begrifflich festlegen kann.[40]

Der Andere überrascht mich und legt mein Ich ganz auf das des Lauschers fest. Als ein solchermaßen Erblickter schäme ich mich, und in diesem Mich-Schämen vor dem Anderen erfahre ich mich als durch ihn fixiert. Er sieht mich in diesem Augenblick einzig und

allein als einen neugierigen, eifersüchtigen Schlüssellochlauscher und Voyeur, beraubt mich aller meiner
anderen Möglichkeiten, die mein Ich darüber hinaus
noch hätte. In seinem Blick werde ich völlig auf diese von mir gerade eingenommene Haltung, die Haltung des Lauschers reduziert. Der Blick des Anderen
lässt somit augenblicklich meine Freiheit erstarren.
Sartre verweist hier auf den Mythos der Medusa, die
jeden Menschen, der ihr in die Augen sah, sofort ver-
steinern ließ. Dieser Mythos gibt nach Sartre dem
Phänomen Ausdruck, dass wir uns durch den Blick
des anderen zwangsweise objektiviert fühlen. Der
Blick des Anderen legt uns in dem Moment auf ein
bestimmtes Erscheinungsbild fest und verweigert
uns andere Möglichkeiten. Er reduziert uns damit zu
einem An-sich, das ist, was es ist.

Gleichzeitig aber, so Sartre, erfahre ich im Erblickt-
werden durch den Anderen auch, dass es mir unmöglich ist, in diesem mir zugeschriebenen An-sich-Sein
ganz aufzugehen. Im Gegenteil, ich empfinde höchs-
tes Unbehagen, und in diesem Unbehagen drückt sich
die Unmöglichkeit aus, für mich reiner Gegenstand
zu sein. Es ist mir unmöglich, mich komplett als neu-
gieriger Schlüssellochgucker zu akzeptieren. Alles in
mir sträubt sich gegen diese Zuweisung. Ich bin und
will mehr sein, als ein Lauscher und Voyeur. Denn

der Mensch ist nicht ein einfaches Seiendes, „das ist, was es ist", sondern er ist Für-Sich, das heißt, er ist Anwesenheit bei sich, steht zu sich im Verhältnis, worin auch seine Freiheit liegt. Er ist niemals nur das, was er gerade tut, oder das, als was die anderen ihn gerade erblicken, er ist ständig in Aufruhr.

Das Für-sich kann also nicht darin aufgehen, Schlüssellochlauscher zu sein, auch wenn es im Augenblick des Ertapptwerdens gezwungen ist, sich als solchen zu sehen. Daher das Gefühl der Scham. Das Phänomen des Schämens bedeutet philosophisch formuliert: Trotz der mir eigenen Transzendenz werde ich von einer anderen Transzendenz gezwungen, mich mit dem „An-sich-Sein" zu identifizieren, als das mich eine fremde Freiheit gerade erblickt. Würde ich mich nicht erkannt fühlen, würde ich mich auch nicht schämen. Der Andere bewirkt also etwas in mir. Letztlich offenbart sich in der Scham nichts anderes als der Vorgang des Wiedererkennens des eigenen Selbst im Blick des Anderen. Während ich anfänglich, als ich versunken an der Tür lauschte, mir überhaupt nicht als Lauscher gegenständlich wurde, erkannte ich mich dann im Moment des Erblicktwerdens umso schriller als einen solchen. Sartre zieht aus dieser phänomenologischen Beobachtung eine radikale Schlussfolgerung:

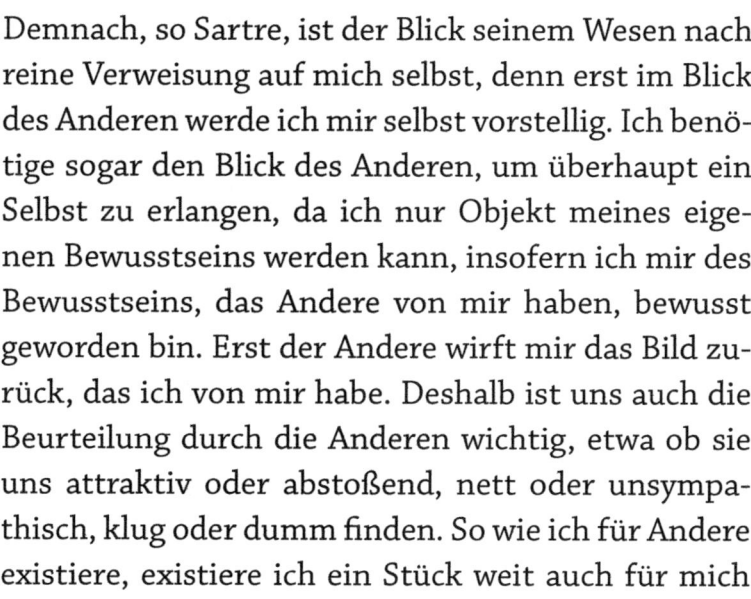

Die reine Scham ist nicht das Gefühl,
dieses oder jenes tadelnswerte Objekt
zu sein, sondern überhaupt ein Objekt zu
sein, das heißt mich in jenem degradier-
ten, abhängigen und starr gewordenen
Objekt, das ich für Andere geworden bin,
‚wiederzuerkennen'. [41]

Demnach, so Sartre, ist der Blick seinem Wesen nach reine Verweisung auf mich selbst, denn erst im Blick des Anderen werde ich mir selbst vorstellig. Ich benö-tige sogar den Blick des Anderen, um überhaupt ein Selbst zu erlangen, da ich nur Objekt meines eige-nen Bewusstseins werden kann, insofern ich mir des Bewusstseins, das Andere von mir haben, bewusst geworden bin. Erst der Andere wirft mir das Bild zu-rück, das ich von mir habe. Deshalb ist uns auch die Beurteilung durch die Anderen wichtig, etwa ob sie uns attraktiv oder abstoßend, nett oder unsympa-thisch, klug oder dumm finden. So wie ich für Andere existiere, existiere ich ein Stück weit auch für mich selbst. Meine Identität hängt somit zutiefst von den Anderen ab:

Als Bewusstsein ist der Andere für mich der, der mir mein Sein gestohlen hat, und zugleich der, der es bewirkt, dass es ein Sein ‚gibt‘, welches mein Sein ist.[42]

Erblickt werden heißt primär, sich als Objekt unerkennbarer Beurteilungen zu erfassen. Indem ich angeblickt werde, bin ich Objekt für den Anderen, und weil der Andere frei ist, kann ich seine Beurteilung niemals sicher vorauswissen, seine Beurteilung, auf die ich aber bezüglich meiner Selbsterkenntnis angewiesen bin:

> So konstituiert mich das Gesehenwerden als ein wehrloses Wesen für eine Freiheit, die nicht meine Freiheit ist. In diesem Sinne können wir uns, so weit wir Ande-

> ren sichtbar werden, als ‚Knechte' betrachten. [...] Ich bin in dem Maße Knecht, in dem ich in der Tiefe meines Seins von einer Freiheit abhängig bin, die nicht die meine ist und die doch die Bedingung meines Seins ist.[43]

Diese Situation des Ausgeliefertseins an die Anderen hinsichtlich der eigenen Identitätsfindung beschreibt Sartre als „Knechtschaft" und als „ontologische Gefahr" insofern, als ich mir der Anerkennung durch die Anderen prinzipiell nicht sicher sein kann:

> Ich bin in Gefahr [...]. Und diese Gefahr ist kein unangenehmer Zufall, sondern die dauernde Struktur meines Für-Andere-Seins.[44]

Nun könnte man angesichts dieser ständigen Unsicherheit versucht sein, einfach auf das Urteil der Anderen zu verzichten nach dem Motto: Es kann mir ja egal sein, was Andere über mich denken. Dies ist aber nach Sartre unmöglich, weil ich überhaupt erst in der Auseinandersetzung mit den Anderen und im Rückblick von deren Blick mein Ich gewinne. Wohl aber ist es möglich, so Sartre, zu versuchen, den Anderen so zu erscheinen, dass sie ein Bild von uns entwerfen, welches dem von uns selbst gewünschten Bild entspricht.

Das „Für-Andere-Sein" als Kampf um Anerkennung

Als Schlussfolgerungen aus den Analysen des Blicks konstatiert Sartre ein unvermeidbares Paradox menschlicher Existenz. Zum einen kann der Mensch sich erst in und durch die Anerkennung der anderen Menschen selbst erkennen, andererseits fürchtet er eben diese Anerkennung bzw. Nicht-Anerkennung als Objektivierung und Versteinerung seiner Möglichkeiten.

Die Scham ist das Gefühl des Sündenfalles, nicht deshalb, weil ich diesen oder jenen Fehler begangen hätte, sondern einfach deshalb, weil ich in die Welt ‚gefallen' bin, mitten in die Dinge hinein, und weil ich der Vermittlung des Anderen bedarf, um zu sein, was ich bin.[45]

Auch der Schriftsteller, um ein beliebtes Beispiel Sartres zu nehmen, bedarf hinsichtlich seiner Identität immer die Anerkennung seiner Leser. So wird sein Werk erst im Blick der Anderen zum Kunstwerk und ein Textverfasser zum Schriftsteller. Literatur, so Sartre, verlangt die vereinte Anstrengung des Autors und des Lesers. Kunst gibt es nur für und durch den Anderen. Der Anerkennung durch die Anderen kann ich mir aber niemals sicher sein, insofern ich von einer Freiheit abhängig bin, die nicht die meine ist.

Auch das Phänomen des Lampenfiebers lässt sich auf dem Hintergrund der ontologischen Gefahr des Erblickt-werdens verstehen. Bei den meisten Menschen spielen sich die Anerkennungssituationen im Blick des Anderen alltäglich und mit großer Selbstverständlichkeit ab.

Bei einem Schauspieler ist dieser Vorgang insofern interessant, als er es sich zum Beruf gemacht hat, sich den Blicken der Anderen auszusetzen. Der vielzitierte Satz: „die Bretter, die die Welt bedeuten", hat für den Schauspieler eine doppelte Wahrheit. Zum einen wird auf den Brettern der Bühne von den Zuschauern über die Glaubwürdigkeit der gespielten Rolle und somit der inszenierten Welt entschieden. Zum anderen aber wird darüber hinaus auch über seine persönliche Leistung als Künstler und somit über seine wirkliche Welt ein Urteil gefällt.

Auf dem Hintergrund der Analyse des Blicks kann man gut verstehen, warum Schauspieler das Lampenfieber als diffusen Erregungszustand, als Mischung aus Angst und Lust erleben. Einerseits lässt die Erwartung des baldigen tosenden Applauses den Schauspieler seinem Auftritt erwartungsfroh entgegenfiebern, andererseits aber fürchtet er sich vor dem Blick des Publikums. Denn die Zuschauer könnten ihn mit Buhrufen und Pfiffen bis auf die Knochen beschämen und vernichten. Auch wenn der Schauspieler seinen Text gut beherrscht und durchaus die nötigen Fähigkeiten mitbringt, seine Rolle glaubhaft zu spielen, kann der bloße Gedanke an das erwartungsvolle, aber launische Publikum dazu führen, das Lampenfieber zu entfesseln. Die Unvorhersehbarkeit der Anerkennung im Blick der Anderen ist, so Sartre, eine Realität, der die Menschen bisweilen dadurch zu entkommen versuchen, dass sie sich Verhältnisse schaffen, in denen sie sich der Anerkennung durch die Anderen sicher sein können:

Wir haben ja betont, dass die Freiheit Anderer die Grundlage meines Seins ist. Aber gerade weil ich durch diese Freiheit Anderer existiere, bin ich ohne Sicherheit, bin ich in dieser frem-

den Freiheit in Gefahr; sie formt mein Sein und lässt mich sein, sie verleiht und raubt mir Werte. Mein Vorhaben, mein Sein wiederzuer-langen, kann nur verwirklicht wer-den, wenn ich mich dieser Freiheit bemächtige und wenn ich sie dar-auf reduziere, eine meiner Freiheit unterworfene Freiheit zu sein.[46]

Der Tyrann beispielsweise sichert sich die Anerken-nung durch die Anderen, indem er sich deren Freiheit bemächtigt und sie zwingt, ihn als bedeutsam anzu-erkennen. Allerdings ist diese Anerkennung letztlich nicht viel wert, da sie nicht freiwillig erfolgt. Diesel-ben Berater und Vasallen, die dem Tyrannen eben noch begeistert zujubeln, reden schlecht über ihn, sobald er nicht mehr gegenwärtig ist und sie nichts zu befürchten haben. Auch der Diktator weiß das. Seine wahre Objektivierung ist ihm verborgen, weshalb er in ständiger Unsicherheit verbleibt.

Im Unterschied zu Macht und Tyrannei gibt es nach Sartre einen viel geschickteren Versuch, sich die Anerkennung der anderen zu sichern: die Liebe. Denn die Liebe ist phänomenologisch betrachtet das bizarre Unternehmen, die freiwillige, gleichwohl bedingungslose Anerkennung des Anderen zu bekommen.

Liebe als Überwindung des Kampfes?

Die Idee der Liebe ist für Sartre somit zunächst ganz einfach. Man versucht sich eine Freiheit dauerhaft zu unterwerfen, die, obgleich sie unterworfen ist, das eigene Sein immer neu und aus freien Stücken bestätigt und anerkennt. Gelingt dies, verliert der Blick des Anderen seine Bedrohlichkeit und es stellt sich ein wunderbares Gefühl ein. Wenn der andere mich nämlich nur noch „mit den Augen des Liebenden" sieht, erfahre ich eine erhebende und bedingungslose Anerkennung. Die Liebenden bringen sich in ihrer Freiheit gegenseitig beim jeweils Geliebten in Sicherheit, lassen sich von diesem um ihrer selbst willen entwerfen. Sie sind von der bedrohlichen Nichtigkeit des „Für-sich-Seins" befreit, denn sie müssen ihr Sein nicht mehr aus ihrer wesenhaften Nichtigkeit heraus neu erschaffen:

[...] während wir, bevor wir geliebt wurden, beunruhigt waren von jenem ungerechtfertigten und nicht zu rechtfertigenden Auswuchs, der unser Dasein war, während wir

uns vorher ‚überzählig' vorkamen, fühlen wir jetzt, dass dieses Dasein bis in die geringsten Einzelheiten neu gemacht und gewollt ist von einer absoluten Freiheit [...]. Dies ist der Grund für die Freude der Liebe, wenn sie vorhanden ist: uns in unserem Dasein gerechtfertigt zu fühlen.[47]

Die Liebe ist ihrem Wesen nach der Entwurf, sich lieben zu lassen oder auch zu wollen, dass der Andere will, dass ich ihn liebe. Der Liebende unternimmt alles um zu erreichen, dass der Andere ihn als bevorzugtes Objekt seiner Welt begehrt und letztlich als unüberschreitbare Freiheit anerkennt:

Geliebt werden wollen heißt also, den Anderen mit der eigenen Faktizität infizieren, heißt ihn zwingen wollen, mich fortwährend neu zu erschaffen [...].[48]

Wie aber kann ich eine andere Freiheit darauf ver-pflichten, mich fortwährend zu bestätigen und zu er-schaffen? Indem ich mich, so Sartre, für den Anderen als äußerste Seinsfülle, als bedeutungsvollen Gegen-stand konstituiere und versuche, für den Anderen „die ganze Welt" zu sein. Wenn der Andere dann an-gesichts meiner Seinsfülle sagt „Du bist meine gan-ze Welt", habe ich es scheinbar geschafft. Deshalb schlussfolgert Sartre:

Die Verführung zielt darauf ab, beim anderen das Bewusstsein seiner Nichtigkeit angesichts des bezaubernden Objektes wachzurufen.[49]

Das heißt, ich entwerfe mich selbst als „bezauberndes Objekt", als eine „unendliche Tiefe" in der Hoffnung, den Anderen zu verzaubern, um dadurch auf seine Freiheit derart einzuwirken, dass diese von meiner Person so fasziniert ist, dass sie sich freiwillig in Ketten legen lässt. Im Gegensatz zum Diktator, der den Anderen mit Gewalt dazu zwingt, ihn anzuerkennen und zu bestätigen, will der Liebende den Anderen verzaubern und durch die zarten Banden der Liebe dazu bringen, ihn aus freien Stücken anzuerkennen:

Also wünscht der Liebende nicht, den Geliebten zu besitzen, wie man eine Sache besitzt; er sucht nach einem besonderen Typus der Aneignung. Er will seine Freiheit als Freiheit besitzen.[50]

Gelingt dies, so die verheißungsvolle Hoffnung, bekomme ich die freiwillige und doch beständige und zuverlässige Anerkennung durch den Anderen, die mir erlaubt, nachdem ich mich zuvor als Objekt entäußern musste, nun zu mir zurückzukehren und zwar genau in der Weise, wie ich es wollte. Da die andere Freiheit eine von mir abhängige geworden ist, entwirft sie mich in der Weise, wie ich es mir wünsche. Ich bekomme Komplimente und Zuspruch, und selbst eine etwaige Kritik steht ganz im Zeichen der Liebe und des Wohlwollens. Zunächst hört sich der Versuch, sich die Anerkennung des Anderen in der Liebe zu sichern, sehr verheißungsvoll an. Sartre

zeigt nun aber, dass auch dieses verlockende Unter-
fangen letztlich zum Scheitern verurteilt ist:

Ich wünsche, dass der Andere mich liebt, und tue alles, um meinen Wunsch in Erfüllung gehen zu lassen; aber wenn der Andere mich liebt, enttäuscht er mich

gründlich gerade durch seine Liebe. Ich verlangte von ihm, er möge mein Sein als einen bevorzugten Gegenstand begründen und sich mir gegenüber als reine Subjektivität behaupten; und sobald er mich liebt, empfindet er mich als Subjekt und versinkt in seiner Gegenständlichkeit angesichts meiner Subjektivität. [51]

Hier ist das Paradox ausgesprochen, welches zum
Scheitern der Liebe führt. Ich kann mir zwar die
liebende Anerkennung durch die geliebte Person si-

chern, indem ich mich zum bevorzugten Objekt in ihrer Welt mache und sie ganz auf mich fixiere. Gelingt dies aber, so kommt die Anerkennung aus der Hörigkeit und nicht mehr aus freien Stücken. Sie verliert somit ihren Wert. Anders ausgedrückt: Bis der Andere mich liebt, ist er frei, wenn er mich liebt, ist seine Freiheit verschwunden.

Der Liebende kann es also nur falsch machen. Einerseits darf er in seinem Versuch, sich die beständige und freie Anerkennung des Anderen zu sichern, den Anderen niemals gänzlich von sich abhängig oder gar hörig machen und damit seiner Freiheit berauben. Andererseits darf er den Anderen aber auch nicht in seiner Freiheit belassen, dann nämlich bliebe die Anerkennung dessen spontaner Entscheidung überlassen und der Liebende hätte das Problem, dass er sich des Partners niemals sicher sein könnte:

[...] das Erwachen des anderen [ist] jederzeit möglich [...] daher die ewige Unsicherheit der Liebenden.[52]

Der Versuch, in der Liebe der ontologischen Gefahr der Nicht-Anerkennung zu entgehen, ist somit zum Scheitern verurteilt. Die von der Liebe ausgehende Verheißung aber, sein Dasein in der liebenden Anerkennung des Anderen in Sicherheit bringen zu können, ist so groß, dass verständlich wird, warum die Menschen immer wieder diesen Versuch unternehmen. Letztlich aber gibt es nach Sartre kein Entkommen aus dem Konflikt, da wir die Objektivierung durch den Anderen fürchten, gleichzeitig aber benötigen, um uns selbst zu erfahren:

Der Konflikt ist der ursprüngliche Sinn des Für-Andere-Seins. [53]

Der Mensch bleibt darauf angewiesen, stets aufs Neue im Rückblick vom Blick des Anderen sich selbst zu erkennen, das heißt, sich immer wieder dem Urteil der Anderen auszusetzen. Auch die Liebe führt aus dieser Dynamik nicht heraus.

Absolute Freiheit und absolute Verantwortung

Wie verträgt sich dieser Gedanke mit Sartres Philosophie der absoluten Freiheit? Wenn ich dem Blick des Anderen nicht entkommen kann, bin ich dann überhaupt noch frei? Sartre sieht darin keinen Widerspruch. Denn auch wenn das Urteil des Anderen mich erstarren lässt, kann es meine Freiheit nicht wirklich begrenzen. Denn ich kann durch meine Entscheidungen und durch meine Taten das Bild, das andere sich von mir machen, jederzeit verändern. Deshalb bleibt Sartre bei seiner Kernaussage:

Der Mensch ist nichts anderes als das, wozu er sich macht. Das ist das erste Prinzip des Existenzialismus. [54]

Der Mensch ist frei, und zwar nicht nur in der Weise, dass ihm die Freiheit als Möglichkeit zukommt, sondern er ist je selbst diese Freiheit. Freiheit ist eine existenzielle Tatsache. Die „Verdammnis zu wählen" kann niemals abgeschüttelt werden. Auch der Andere kann einem die freie Entscheidung nicht abnehmen. Deshalb ist und bleibt jeder für sein Sein verantwortlich.

Erst in seinem Spätwerk mit dem Titel „Die Kritik der dialektischen Vernunft" macht Sartre eine kleine Einschränkung und gibt den materiellen Lebensumständen etwas mehr Gewicht. Als linksintellektueller Denker wollte er den Existenzialismus mit dem Marxismus versöhnen und einige Gemeinsamkeiten herausarbeiten. So gesteht Sartre in diesem Buch den Marxisten zu, dass die Arbeit, die materiellen Produktionsverhältnisse und die historische Epoche, in die die Menschen hineingeboren werden, tatsächlich großen Einfluss auf ihr jeweiliges Dasein haben. Der berühmte Satz von Karl Marx: „das Sein bestimmt das Bewusstsein" wird von Sartre ein Stück weit akzeptiert. Deshalb betont er jetzt nicht mehr so sehr die absolute Freiheit des Einzelnen, wie er das noch in seinem Hauptwerk „Das Sein und das Nichts" getan hat. Er räumt stattdessen der gesellschaftlichen Prägung größeren Raum ein. Freiheit wird jetzt nur

noch mit einer gewissen Einschränkung als ein gren-
zenloser Selbstentwurf und als eine Creatio ex nihilo
gesehen:

> Freiheit ist jene kleine Bewegung, die aus
> einem völlig gesellschaftlich bedingten
> Wesen einen Menschen macht, der nicht
> in allem das darstellt, was von seinem
> Bedingtsein herrührt.[55]

Doch Sartres Versuch, die Existenzphilosophie und
den Marxismus zu versöhnen, gilt letztlich als gescheitert. Denn bei allen Zugeständnissen an die ma-
terielle Bedingtheit durch den historischen Prozess
bleibt Sartre letztlich doch seiner Überzeugung treu,
dass die Freiheit dem Menschen immer und über-
all die Chance eröffnet, sich zu den Faktizitäten der
Welt individuell zu positionieren. So kann sich jeder
Mensch von seinem eigenen gesellschaftlichen Be-
dingtsein, seiner Prägung durch Familie, Lehrer und
Arbeitsverhältnisse abstoßen:

Ich bin davon überzeugt, dass der Mensch immer etwas aus dem machen kann, was man aus ihm macht. [56]

Sartre ist und bleibt also der Philosoph der Freiheit, ein unermüdlicher Mahner, der uns daran erinnert, dass wir für unser Denken und Handeln selbst verantwortlich sind.

Was nützt uns Sartres Entdeckung heute?

Raus aus der „mauvaise foi" – eigene Wege gehen

Die Freiheit ist absolut, unabhängig davon, ob man als Frau oder Mann, arm oder reich, in einem Dorf oder in der Stadt geboren ist, so lautet das Credo des Existenzialismus. Selbst als Gefangener in Ketten bin ich, so Sartre, nicht weniger frei als jeder andere, da es letztlich meine Entscheidung ist, wie ich mich zu den Faktizitäten verhalte.

> Die Freiheit ist vollkommen und unendlich [...]. Die einzigen Grenzen, an die die Freiheit jeden Augenblick stößt, sind diejenigen, die sie sich selbst auferlegt.[57]

Sartre verdeutlicht dies an seinem Felsenbeispiel. Ein Felsblock versperrt die Straße nur für denjenigen, der resigniert, nicht aber für denjenigen, der ihn als Herausforderung sieht, ihn zu übersteigen oder zu umgehen. In diesem Sinne wählen wir sogar, geboren zu werden und zu sterben, insofern wir frei entscheiden, welchen Stellenwert wir Geburt und Tod zukommen lassen und inwieweit wir beide Ereignisse zu unserer Angelegenheit machen wollen. So empfiehlt uns Sartre immer wieder, unser Leben entschlossen zu gestalten:

Du bist nichts anderes, als dein Leben.[58]

Am Ende kommt es auf die Taten an. Das klingt zunächst wie eine Selbstverständlichkeit, ja geradezu banal. Wenn man aber genau hinsieht, ist Sartres einfacher Appell, zu handeln und sich nicht hinter Ausreden und Selbsttäuschungen zu verstecken, das vielleicht wichtigste Vermächtnis des Existenzialismus. Denn jeder von uns kennt das Problem der „mauvaise foi", der Unaufrichtigkeit gegenüber sich selbst. Tatsächlich ist man oft unzufrieden mit seinem Leben, seiner Beziehung, seiner Arbeit, seiner Familienkonstellation, seinem Beruf, seinem Wohnort, der Politik oder den gesellschaftlichen Verhältnissen, verharrt aber dennoch in diesem Zustand. Man denkt sich lieber tausend Gründe aus, warum einem die Hände gebunden sind, als etwas zu unternehmen. Sartre rät uns, genau zu prüfen, ob es sich bei der Wahl unserer Ziele um echte Entscheidungen handelt oder nur um „mauvaise foi", also um Unaufrichtigkeit oder Selbstbetrug:

> [...] die Verantwortung für diese Ziele fällt uns zu: was auch unser Sein sein mag, es ist Wahl; und es hängt von uns ab, uns als ‚groß' und ‚edel' oder ‚klein' und ‚niedrig' zu erwählen. [59]

Gerade im Beruf und in Beziehungen fehlt vielen Menschen der Mut, aus Missständen Konsequenzen zu ziehen. Zu groß ist die Angst vor materieller Unsicherheit, wenn man seinen Job kündigt, zu groß die Angst vor dem Alleinsein, wenn man sich von einem Lebenspartner trennt. Gerade in langjährigen Beziehungen gibt es meist eine klare Arbeitsteilung, präzise definierte Routinen und ein eingespieltes Rollenverhalten, das ein erträgliches Leben ermöglicht. Deshalb funktionieren so viele Beziehungen noch, obwohl die emotionale Nähe nicht mehr da ist oder schon erste Feindseligkeiten an den Tag treten. Sartre bezeichnet dies als „Selbsttäuschung", als „mauvaise foi".

Er selbst wollte die Gefahr, eine unaufrichtige Beziehung mit vielen kleinen und großen Lügen zu führen, von vornherein vermeiden, indem er mit seiner Lebensgefährtin Simone de Beauvoir einen Pakt der Freiheit und der Offenheit schloss. Die beiden versicherten sich in einem Briefwechsel gegenseitig ihrer beständigen und lebenslangen Liebe, ohne sich dabei jemals ihrer Freiheit berauben zu wollen. Sie vereinbarten, dass sie auch andere Partner und Affären haben könnten, sich deshalb aber niemals belügen oder vernachlässigen würden. Simone de Beauvoir schrieb dazu später: „Sartre war nicht zur Monogamie berufen; er war gern in Gesellschaft von Frauen [...]. Er war nicht bereit, mit seinen dreiundzwanzig Jahren für immer auf die Freuden der Abwechslung zu verzichten. ‚Bei uns beiden', erklärte er unter Anwendung seines Liebesvokabulars, ‚handelt es sich um eine notwendige Liebe; es ist unerlässlich, dass wir auch die Zufallsliebe kennenlernen'. Wir waren von gleicher Art und unser Bund würde so lange dauern, wie wir selbst." [60]

Tatsächlich blieben die beiden trotz zahlreicher Liebschaften, die sie nicht verheimlichten, lebenslang ein Paar und konnten sich aufeinander verlassen. Ihr Patentrezept war die gegenseitige Treue zur Freiheit. Sie waren nie verheiratet und haben sich solchermaßen immer wieder aufs Neue gegenseitig erwählt.

Allerdings kam es auch in ihrer von den Zeitgenossen bestaunten und bewunderten Beziehung zu erheblichen Problemen, die immer dann auftraten, wenn eine dritte Person zu sehr präsent wurde. Unabhängig davon, ob es Sartre immer gelungen ist, seine Beziehung zu Simone de Beauvoir ehrlich und vertrauensvoll zu gestalten, bleibt doch sein Anspruch bestehen, aufrichtig zu sein, zu seinen Schwächen zu stehen und sich nicht mit Scheinlösungen abzufinden.

Mit seinem Appell gegen die Unaufrichtigkeit meinte er natürlich nicht, dass man im Alltag immer fanatisch die Wahrheit sagen müsse und sich niemals einer Notlüge bedienen dürfe. Das wäre, glaubt man wissenschaftlichen Studien zu diesem Thema, eine totale Überforderung, da die meisten Menschen täglich mehrere Unwahrheiten oder Notlügen benützen, um andere nicht zu verletzen. Sartres Vermächtnis hinsichtlich der Aufrichtigkeit lautet also nicht: „Sage immer wortwörtlich die Wahrheit", sondern „sei ehrlich zu dir selbst und lebe dein Leben".

Nicht nur träumen – Gedanken und Ideen umsetzen

Gerade deshalb ist es wichtig, seine Gedanken und Ideen auch zu verwirklichen:

> Der Mensch ist nichts anderes als das, wozu er sich macht.[61]

Es nützt nichts, so Sartre, wenn man nur davon träumt, ein anderes Leben zu führen, und es nutzt nichts, mit dem Gesellschaftssystem unzufrieden zu sein, ohne etwas dagegen zu unternehmen. Man muss, wenn es an der Zeit ist, Farbe bekennen und versuchen, seine Vision zu verwirklichen. Denn irgendwann ist das Leben vorbei und man muss sich eingestehen, dass man nicht das getan hat, was vielleicht die eigene Bestimmung gewesen wäre. Oft sagt man sich, das Leben sei viel zu kurz, um alles zu machen, wozu man sich berufen fühlt. Doch auch das lässt Sartre nicht gelten:

Man stirbt immer zu früh – oder zu spät. Aber das Leben ist nun einmal zu Ende; der Strich ist gezogen, es gilt die Rechnung abzuschließen. Du bist, was dein Leben ist.[62]

So zögern wir gerne Entscheidungen hinaus oder setzen sie am Ende überhaupt nicht mehr in die Tat um. Denn der Mensch ist von Natur aus bequem. Er wagt keinen Richtungswechsel oder Neuanfang, da er fürchtet, die lieb gewonnenen Annehmlichkeiten und Routinen zu verlieren. Sartre ermutigt uns, eigene Wege zu gehen:

So besteht die erste Absicht des Existenzialismus darin, jeden Menschen in den Besitz seiner selbst zu bringen und ihm die totale Verantwortung seiner selbst aufzubürden.[63]

Und auch wenn wir mal einen falschen Weg eingeschlagen haben oder unsere Erwartungen sich nicht erfüllt haben, war es richtig, etwas gewagt zu haben. Lieber scheitern, als es gar nicht erst zu versuchen.

Die existenzialistische Entschlossenheit angesichts der Möglichkeit des Scheiterns kommt sehr schön in dem Film „Alexis Sorbas" zum Ausdruck. Der griechische Abenteurer Sorbas überzeugt seinen amerikanischen Freund, sein letztes Geld in eine Rutsche auf Holzpfeilern zu investieren, um Baumstämme von einem Berg ins Tal zu bringen. Als die ersten Stämme ins Tal rumpeln, beginnen die Pfeiler der Rutsche bedenklich zu wackeln. Sorbas und sein Freund schauen gebannt auf die Rutsche. Schließlich stürzt in einer Kettenreaktion Pfeiler um Pfeiler in sich zusammen. Der Amerikaner ist ruiniert. Da stellt Sorbas seinem völlig deprimierten Freund die Frage: „Hast du jemals etwas so schön zusammenstürzen sehen?" und beginnt zu tanzen.

In Sartres Kategorien gedacht, hat Sorbas nichts anderes getan, als sich gerade im Augenblick der Niederlage noch einmal ganz zu dem Projekt und dem dazu gehörigen Scheitern zu bekennen. Natürlich geht es Sartre nicht um eine Heroisierung des Scheiterns. Im Gegenteil, er ist als Denker der Freiheit davon überzeugt, dass jeder die Chance hat, das zu erreichen, was er sich vornimmt.

Sartre selbst war mit 156 Zentimetern kleinwüchsig und hatte seit der Kindheit eine auffällige Fehlstellung der Augen. Diese brachte ihm bereits zu Schulzeiten den Spott seiner Klassenkameraden ein. Gleichwohl beschloss er mit vierzehn Jahren Schriftsteller zu werden, verfolgte hartnäckig seinen Lebensentwurf und brachte es tatsächlich zu weltweiter Berühmtheit. Auch hatte er neben seiner Hauptfrau Simone de Beauvoir zeitlebens noch andere attraktive

Frauen an seiner Seite. Vielleicht hat er auch deshalb, weil er seinen eigenen Lebensentwurf voll und ganz realisieren konnte, der Freiheit des Menschen einen so hohen Stellenwert eingeräumt.

Interessanterweise gibt auch die moderne Glücksforschung Sartre in einem Punkt Recht. Menschen, die in ihrem Leben etwas verändert haben und Risiken eingegangen sind, fühlen sich subjektiv glücklicher als solche, die das nie getan haben. Neben Geld, Wohlstand, Gesundheit, Ansehen und sozialen Beziehungen ist ganz offensichtlich auch „Risikobereitschaft" ein nicht unerheblicher Glücksfaktor. Und falls wir uns geirrt haben, können wir, so Sartre, durch neue Entscheidungen und Taten dem Leben auch wieder eine andere Richtung geben. Er selbst musste das mehrfach tun.

Wenn nötig, auch mal umdenken!

Auch Sartre hat bisweilen den falschen Weg eingeschlagen. Als Linksintellektueller kämpfte er gegen
die soziale Ungleichheit und sympathisierte mit der
kommunistischen Partei. Er besuchte demonstrativ
die Sowjetunion und zeigte sich sogar mit Stalins
Säuberungspolitik einverstanden, eine Entscheidung, die er später tief bereute.

In den Jahren des Kalten Krieges zerstritt er sich
wegen dieser positiven Haltung zur Sowjetunion
sogar mit seinem Freund Albert Camus. Der Schriftsteller und Existenzialist Camus kritisierte im Som-
mer 1952 Stalins menschenverachtende Politik, vor
allem die Ermordung und Inhaftierung von Tausenden Regimegegnern. Die in Russland entstehenden
Arbeitslager seien, so Camus, mit nichts zu rechtfer-
tigen. Das System gleiche einer Diktatur.

Sartre widersprach seinem ehemaligen Weggefähr-
ten aufs Heftigste und warf Camus bürgerliche Sen-
timentalität und Antikommunismus vor. Stalin und
die sowjetischen Führer wären gezwungen, diese
Maßnahmen zu treffen, um sich gegen die reaktio-
nären kapitalistischen Kräfte zu verteidigen. Zwar
lehnte auch Sartre die Straflager ab, betonte aber,

dass langfristig eine positive Entwicklung in der Sowjetunion zu erwarten sei. Während Camus die Unterdrückung im Osten wie im Westen gleichermaßen
kompromisslos anprangerte, verlangte Sartre, „einen
Unterschied zwischen den Herren zu machen".

Da Sartre glaubte, dass durch den Sozialismus langfristig die Unterdrückung auf der ganzen Welt besei-
tigt würde, durfte er die Sowjetunion als treibende
Kraft nicht diskreditieren. In der Zeitschrift „Les
Temps Modernes" kam es deshalb zu einem pole-
mischen Schlagabtausch zwischen ihm und seinem
Freund Camus.

Sartre warf Camus vor, er würde mit seiner antikom-
munistischen Haltung die Idee einer gerechteren Gesellschaft verraten. Auch verfalle er mit seiner Philosophie des Absurden in völlige Geschichtslosigkeit
und könne daher die Ereignisse nicht richtig einordnen, geschweige denn verstehen. Camus wiederum
warf Sartre vor, nach dem Motto „der Zweck heili-
ge die Mittel" tausendfachen Mord zu legitimieren.
Eine revolutionäre Bewegung, die über Leichen gehe,
könne, so Camus, im Kern nicht gut sein, denn niemals dürfe man das Menschenrecht mit Menschen-
rechtsverletzungen erkämpfen. Sartre verfalle dem
Marxismus als einer terroristischen Heilslehre, die
auf die Zukunft vertröste. Ferner warf er Sartre in

sehr persönlichem Ton vor, die Wahrheit nur im linken Lager finden zu wollen. Die beiden Autoren zerstritten sich daraufhin und mieden jeden Kontakt.

Als im November 1956 sowjetische Panzer den Aufstand des ungarischen Volkes blutig niederschlugen, merkte Sartre, dass er sich geirrt hatte. Er widerrief daraufhin öffentlich seinen prosowjetischen Standpunkt, verurteilte das stalinistische Regime und distanzierte sich energisch von der kommunistischen Partei. Diese totale Umkehr ist ihm sicher nicht leicht gefallen, doch Sartre trug einfach den neuen Entwicklungen Rechnung und bekannte sich zu seiner Fehleinschätzung. Solche Verirrungen, so gestand er im Alter von 70 Jahren ein, gehören nun mal auch zum Leben:

Wichtig für mich ist, dass ich getan habe, was zu tun war. Gut oder schlecht, darauf kommt es nicht so sehr an, Hauptsache, ich habe es versucht.[64]

Wenn wir uns fragen, was uns Sartres Philosophie heute noch nützen kann, muss man vielleicht auch seine Fähigkeit erwähnen, umzudenken.

Politisch werden – Mut zur Einmischung

Sartres Philosophie der Freiheit beinhaltete vor allem die Aufforderung, sich für eine gerechtere Welt einzusetzen:

Der Existenzialismus ist ein Humanismus.[65]

In seinem berühmten Aufsatz „Der Existenzialismus ist ein Humanismus" vertritt er die These, dass es jedem Existenzialisten prinzipiell auch um das Wohl der Gesellschaft gehen muss. Sartre schrieb diesen Artikel, um sich gegen den Vorwurf der Marxisten zu verteidigen, der Existenzialismus sei eine unmoralische Pseudophilosophie, die nur auf die private Selbstentfaltung des Individuums abziele. Wenn sich nämlich jeder einzelne im Sinne Sartres völlig frei auf die Zukunft hin entwerfe, bleibe jedes Klassenbewusstsein, jede gemeinsame und solidarische Aktion und jede Anteilnahme am Schicksal anderer auf der Strecke. Sartre widersprach dieser Kritik vehement:

> Und wenn wir sagen, der Mensch ist für sich selbst verantwortlich, wollen wir nicht sagen, er sei verantwortlich für seine strikte Individualität, sondern für alle Menschen. [...] Wählen, dies oder das zu sein, heißt gleichzeitig, den Wert dessen, was wir wählen, zu bejahen.[66]

Indem wir alltäglich wählen und handeln, erschaffen wir ein Bild von uns. Wer beispielsweise ein Zwanzig-Liter-Auto fährt, fossile Energie verbraucht, Pelzmäntel aussterbender Tiere trägt, mit Devisenspekulation ganze Volkswirtschaften destabilisiert, gibt mit seinem Lebensentwurf etwas kund, für das er die Verantwortung tragen muss. Wie ein Maler fügen wir mit jeder Entscheidung unserem Lebensbild einen kleinen Strich hinzu. Dieses Bild oder dieser Lebensstil, den wir unseren Kindern, Freunden und Bekannten vorleben, sei er nun negativ oder positiv, bleibt nicht ohne Konsequenzen:

> Wenn [...] wir das Bild von uns gestalten wollen, so gilt dieses Bild für alle und für unsere gesamte Epoche. So ist unsere Verantwortung viel größer, als wir vermuten können, denn sie betrifft die ganze Menschheit.[67]

Deshalb hat auch jedes scheinbar private Engagement eine Bedeutung für die Gesellschaft, auch wenn es sich beispielsweise „nur" um die Erziehung der eigenen Kinder handelt oder sogar nur um die Mülltrennung vor der Haustüre. Engagement in Sartres Sinne meint also keineswegs nur politische Agitation in Parteien, NGOs, Gewerkschaften, Vereinen und Verbänden, sondern auch einzelne Handlungen, da diese in der Summe eine eminente gesellschaftliche Wirkung haben:

Folglich hat jeder Entwurf, so individuell er auch sei, einen allgemeinen Wert. [68]

Es muss nach Sartre jedem einzelnen Menschen aufgrund seiner Freiheit offenstehen, auf seine ganz eigene Weise zum Gelingen und Wohlergehen der Gesellschaft beizutragen. Denn jeder noch so singuläre Zukunftsentwurf verändert die Welt als Ganzes und gibt ihr einen Sinn. Helfen kann dem Individuum bei dieser Sinnsuche allerdings niemand, kein Gott, keine Ideologie und keine Wissenschaft. Denn, so Sartres zentraler Gedanke: Unsere Existenz gründet letztlich auf Nichts. Und das bedeutet, dass uns nichts und niemand die Sinngebung abnimmt. So spricht Sartre am Ende des berühmten Humanismus-Essays seine Leser noch einmal persönlich an und ruft ihnen eindringlich zu:

Das Leben hat a priori keinen Sinn. Bevor Sie leben, ist das Leben nichts, es ist an Ihnen, ihm einen Sinn zu geben.[69]

Zitatverzeichnis:

1   Zitat, Jean Paul Sartre, Der Existenzialismus ist ein
        Humanismus, Rowohlt, Hamburg 2010, S. 155
        im folgenden zitiert als „Humanismus"
2   Zitat, Humanismus, S.150
3   Zitat, Humanismus, S. 150 f.
4   Zitat, Jean Paul Sartre, Das Sein und das Nichts, Versuch
        einer phänomenologischen Ontologie, Rowohlt Verlag,
        Reinbek bei Hamburg 1985, S. 670, im folgenden zitiert als
        „Sein und Nichts"
5   Zitat, Sein und Nichts, S. 470
6   Zitat, Sein und Nichts, S. 467
7   Zitat, Sein und das Nichts, S. 66
8   Zitat, Humanismus, S. 161
9   Zitat, Sein und Nichts, S. 708
10   Zitat, Humanismus, S. 155
11   Zitat, Sein und Nichts, S. 626
12   Zitat, Sein und Nichts, S. 598
13   Zitat, Sein und Nichts, S. 598
14   Zitat, Humanismus, S. 169
15   Zitat, Sein und Nichts, S. 66
16   Zitat, Humanismus, S. 170
17   Zitat, Humanismus, S. 172
18   Zitat, Humanismus, S. 150
19   Zitat, Sein und Nichts, S. 33
20   Zitat, Sein und Nichts, S. 630
21   Zitat, Sein und Nichts, S. 588
22   Zitat, Sein und Nichts, S. 631 f.
23   Zitat, Humanismus, S. 161
24   Zitat, Sein und Nichts, S. 630
25   Zitat, Sein und Nichts, S. 631
26   Zitat, Baudelaire. Ein Essay. Übersetzt von Beate Möhring,
        Rowohlt, Hamburg 1953, S. 15
27   Zitat, Sein und Nichts, S. 599
28   Zitat, Sein und Nichts, S. 74

29 Zitat, Sein und Nichts, S. 78

30 Zitat, Sein und Nichts, S. 71

31 Zitat, Sein und Nichts, S. 71

32 Zitat, Sein und Nichts, S. 70

33 Zitat, Sein und Nichts, S. 88

34 Zitat, Sein und Nichts, S. 78

35 Zitat, Sein und Nichts, S. 561

36 Zitat, Sein und Nichts, S. 339

37 Zitat, Sein und Nichts, S. 341

38 Zitat, Sein und Nichts, S. 341

39 Zitat, Sein und Nichts, S. 341

40 Zitat, Sein und Nichts, S. 345, 347

41 Zitat, Sein und Nichts, S. 381

42 Zitat, Sein und Nichts, S. 468

43 Zitat, Sein und Nichts, S. 356

44 Zitat, Sein und Nichts, S.356

45 Zitat, Sein und Nichts, S. 381

46 Zitat, Sein und Nichts, S. 470

47 Zitat, Sein und Nichts, S. 476

48 Zitat, Sein und Nichts, S. 473

49 Zitat, Sein und Nichts, S. 477

50 Zitat, Sein und Nichts, S. 471

51 Zitat, Sein und Nichts, S. 482

52 Zitat, Sein und Nichts, S. 483 f.

53 Zitat, Sein und Nichts, S. 467

54 Zitat, Humanismus, S. 150

55 Zitat, Jean Paul Sartre, Interview mit new left review, in: Sartre über
    Sartre, Aufsätze und Interviews 1940-1976, Rowohlt Taschenbuch
    Verlag, Reinbek bei Hamburg 1997, S. 165, im Folgenden zitiert als
    „Sartre über Sartre"

56 Zitat, Sartre über Sartre, S. 165

57 Zitat, Sein und Nichts, S. 670

58 Zitat, Humanismus, S. 162

59 Zitat, Sein und Nichts, S. 598

60 Zitat, Simone de Beauvoir, In den besten Jahren,
    Rowohlt, Reinbek bei Hamburg 1969, S. 23

61 Zitat, Humanismus, S. 150

62 Zitat, Jean Paul Sartre, Bei geschlossenen Türen, in Drei Dramen, Hamburg 1985, S. 41

63 Zitat, Humanismus, S.150

64 Zitat, Jean Paul Sartre, Selbstportrait mit siebzig Jahren, S. 202-276, in: Sartre über Sartre S. 218

65 Zitat, Zitat, Humanismus, S. 146

66 Zitat, Humanismus, S. 150 f.

67 Zitat, Humanismus, S. 150 f .

68 Zitat, Humanismus, S. 167

69 Zitat, Humanismus, S. 174

In dieser Reihe erschienen:

Walther Ziegler
Camus in 60 Minuten
2. Auflage: Juli 2015
84 Seiten, Paperback, € 9,99
ISBN 978-3-7347-8170-4

Walther Ziegler
Freud in 60 Minuten
2. Auflage: Juli 2015
96 Seiten, Paperback, € 9,99
ISBN 978-3-7347-8024-0

Walther Ziegler
Hegel in 60 Minuten
2. Auflage: Juli 2015
128 Seiten, Paperback, € 9,99
ISBN 978-3-7347-8128-5

Walther Ziegler
Heidegger in 60 Minuten
2. Auflage: Juli 2015
108 Seiten, Paperback, € 9,99
ISBN 978-3-7347-8169-8

Walther Ziegler
Kant in 60 Minuten
2. Auflage: Juli 2015
144 Seiten, Paperback, € 9,99
ISBN 978-3-7347-8172-8

Walther Ziegler
Marx in 60 Minuten
2. Auflage: Juli 2015
112 Seiten, Paperback, € 9,99
ISBN 978-3-7347-8154-4

Walther Ziegler
Platon in 60 Minuten
2. Auflage: Juli 2015
112 Seiten, Paperback, € 9,99
ISBN 978-3-7347-8158-2

Walther Ziegler
Rousseau in 60 Minuten
2. Auflage: Juli 2015
112 Seiten, Paperback, € 9,99
ISBN 978-3-7347-2555-5

Walther Ziegler
Sartre in 60 Minuten
2. Auflage: Juli 2015
116 Seiten, Paperback, € 9,99
ISBN 978-3-7347-8156-8

Walther Ziegler
Smith in 60 Minuten
2. Auflage: Juli 2015
100 Seiten, Paperback, € 9,99
ISBN 978-3-7347-8157-5

Große Denker in 60 Minuten

Sämtliche Bücher der Reihe sind auch gebunden als Hardover im gleichen Verlag erschienen.

Demnächst in dieser Reihe:

Walther Ziegler
Adorno in 60 Minuten

Walther Ziegler
Arendt in 60 Minuten

Walther Ziegler
Bacon in 60 Minuten

Walther Ziegler
Descartes in 60 Minuten

Walther Ziegler
Foucault in 60 Minuten

Walther Ziegler
Habermas in 60 Minuten

Walther Ziegler
Hobbes in 60 Minuten

Walther Ziegler
Nietzsche in 60 Minuten

Walther Ziegler
Popper in 60 Minuten

Walther Ziegler
Rawls in 60 Minuten

Walther Ziegler
Schopenhauer in 60 Minuten

Walther Ziegler
Wittgenstein in 60 Minuten

Der Autor:

Dr. Walther Ziegler hat Philosophie, Geschichte und Politik studiert. Als Auslandskorrespondent, Reporter und Nachrichtenchef des Fernsehsenders ProSieben produzierte er Filme auf allen Kontinenten. Seine Reportagen wurden mehrfach preisgekrönt. Seit 2007 bildet er in München junge TV-Journalisten aus und leitet die Medienakademie auf dem Gelände der Bavaria Film, eine Hochschulbildungseinrichtung für Film- und Fernsehstudiengänge. Er ist zugleich Autor zahlreicher philosophischer Bücher. Als langjährigem Journalisten gelingt es ihm, das komplexe Wissen der großen Philosophen spannend und verständlich darzustellen.